Heinrich Hübschmann

Etymologie und Lautlehre der ossetischen Sprache

Heinrich Hübschmann

Etymologie und Lautlehre der ossetischen Sprache

ISBN/EAN: 9783744600316

Hergestellt in Europa, USA, Kanada, Australien, Japan

Cover: Foto ©ninafisch / pixelio.de

Weitere Bücher finden Sie auf **www.hansebooks.com**

ETYMOLOGIE UND LAUTLEHRE

DER

OSSETISCHEN SPRACHE.

ETYMOLOGIE UND LAUTLEHRE

DER

OSSETISCHEN SPRACHE

VON

H. HÜBSCHMANN.

STRASSBURG.
VERLAG VON KARL J. TRÜBNER.
1887.

VORWORT.

Die vorliegende Arbeit habe ich vor mehreren Jahren in der Absicht begonnen, zu zeigen, wie wesentlich verschieden die Sprache der Osseten von der der Armenier ist, trotzdem dass beide Sprachen das gleiche Lautsystem haben und wegen dieser Gleichheit des Lautsystems früher als nächste Verwandte gelten konnten.[1] Nachdem nun aber das Armenische aus dem Kreise der iranischen Sprachen, denen das Ossetische mit Recht allgemein zugezählt wird, definitiv ausgeschieden ist, kann kein Zweifel mehr darüber bestehen, dass die Uebereinstimmung beider Sprachen in den Lautverhältnissen eine erst später und zufällig gewordene ist und für die Verwandtschaft derselben nichts beweisen kann. Somit erledigt sich diese ossetisch-armenische Frage, und was ich zur Lösung derselben früher beizubringen gedachte, veröffentliche ich jetzt als Beitrag zur Kenntniss der iranischen Sprachen, als Vorarbeit für ein vergleichendes Wörterbuch eben dieser Sprachen.

Ich hatte bereits die bisher gefundenen ossetischen Etymologien auf Grund von Sjögren's und Rosen's Wörtersammlungen[2] zusammengestellt und mittelst jener eine Lautlehre des älteren digorischen Dialectes verfasst, als mir

[1] Vgl. meine Casuslehre p. 332.
[2] Ossetische Sprachlehre nebst kurzem ossetisch-deutschen und deutsch-ossetischen Wörterbuche, von Dr. Andr. Joh. Sjögren, St. Petersburg 1844. — Ossetische Sprachlehre von Dr. Georg Rosen, Abh. d. K. Ak. d. W. zu Berlin 1846.

Wsewolod Miller's Ossetische Studien[1] durch die Güte des Autors zukamen, aus denen ich ersah, dass Sjögren's Angaben über die Aussprache des Ossetischen vielfach ungenau sind, dass also eine auf sie begründete Lautlehre nicht ganz richtig und nach Miller's Arbeiten[2] jedenfalls nicht mehr zeitgemäss sein würde. Ich trug daher die Angaben Miller's aus seiner Grammatik (Osset. Stud. II) wie die Belege aus seinen Texten (Osset. Stud. I) in meine Sammlung der Etymologien ein, zog auch die von Tschonkadze und Tsorajew gesammelten, von Schiefner publicirten Texte[3], sowie eine Evangelienübersetzung[4] (Tiflis 1864) durchweg zu Rathe und stellte danach von Neuem eine Lautlehre und zwar des jüngeren tagaurischen (ironischen) Dialectes zusammen, da die meisten der vorhandenen Texte tagaurisch (ironisch) sind und die wenigen digorischen Texte leider nicht hinreichen, um die digorische — oft alterthümlichere — Form aller in Betracht kommenden Wörter festzustellen.

Was die früheren Arbeiten über ossetische Sprache[5] betrifft, so kann ich auf W. Miller verweisen, der in seiner dankenswerthen ossetischen Bibliographie (Osset. Stud. II, p. III—VII) alles Hierhergehörige aufführt bis auf die Arica von Paul Böttichcr (Halle 1851) und F. Justi's Handbuch der Zendsprache (Leipzig 1864). Auf diese von Miller und mir genannten Schriften sei hiermit ein für allemal hin-

---

[1] Wsewoloda Millera osetinskije etjudy. Čast́ı perwaja. Osetinskije teksty. Moskwa 1881. — Čast́ı wtoraja. Izslědowanija. Moskwa 1882.

[2] Dass diese trefflichen Arbeiten bisher nicht auch deutsch (vgl. Verh. d. 5. internation. Orient. Congr. I, 90) erscheinen konnten, ist sehr zu bedauern, da in russischem Gewande Miller's Forschungen doch wohl sehr vielen europäischen Gelehrten unbekannt bleiben werden. Dem Mangel mag die vorliegende Schrift wenigstens zum Theil — für Etymologie und Lautlehre — abhelfen.

[3] Osetinskije teksty, sobrannyje Dan. Čonkadze i Was. Corajewymu. Izdalü Akademiku A. Šifnerü. St. Petersburg 1868.

[4] Von Tsorajew herrührend? Vgl. Salemann in KB 8, 49.

[5] Von Klaproth, Sjögren, Rosen, Schleicher, Fr. Müller, Lerch, Salemann, Hübschmann, Bischof Joseph.

gewiesen. Nach Abschluss meiner Arbeit stellte Herr W. Miller seine „Beiträge zur ossetischen Lautlehre", die derselbe in seinen Ossetischen Studien III veröffentlichen wird, mir freundlichst zur Verfügung; wo ich sie im Folgenden benutze, werde ich sie (als M III) speciell citiren.

Zur Umschreibung des Ossetischen bediene ich mich des Alphabetes, welches ich in meiner 'Umschreibung der iranischen Sprachen und des Armenischen' (Leipzig 1882) in Vorschlag gebracht habe. Zwar musste in Folge der Bemerkungen W. Miller's der Lautwerth einiger Sjögren'schen Zeichen anders bestimmt werden, aber mein Alphabet konnte dasselbe bleiben, abgesehen davon, dass für die von W. Miller neu beobachteten Laute neue, in der Praxis aber leicht zu umgehende Zeichen eingeführt werden mussten.

Ich benutze die Gelegenheit, die mich von der Umschreibung zu sprechen veranlasst, zu der Bemerkung, dass ich jene Vorschläge zur Umschreibung der iranischen Sprachen nicht als Zendphilologe, sondern als vergleichender Iranist und im Hinblick auf ein künftig zu schreibendes vergleichendes Wörterbuch der iranischen Sprachen gemacht habe, dass mir also diejenigen nicht gerecht werden, welche meine Vorschläge vom Standpunct des Zendphilologen und ohne irgend welche Berücksichtigung der übrigen iranischen Sprachen beurtheilen. Ich stehe darum den Bemerkungen Roth's gegen die neuen Transscriptionen (ZDMG 37, p. 229) gar nicht feindlich gegenüber und bin mit dem, was Pischel und Bartholomae zur Umschreibung des Zend ersonnen haben, sehr wenig einverstanden. Nur schade, dass Roth sich rein in der Negative hält, die Frage kommt dadurch nicht weiter. Auch sein Hinweis auf England und Frankreich will mir nicht glücklich erscheinen, denn wer kümmert sich in England um die Lautlehre des Zend und der iranischen Sprachen? Und Darmesteter in Frankreich würde sich auch um eine Roth'sche Transscription nicht kümmern, da Laute und Zeichen ihn wenig interessiren. Klar ist, dass dem Zendphilologen für seine philologischen Zwecke eine etwas verbesserte Justi'sche Umschreibung zur Zeit besser dient als jedes andere neue System, während der vergleichende

Iranist die iranischen Sprachen nicht mehr in bisheriger Weise umschreiben kann und einer neuen Transscription durchaus bedarf. Man lasse also die einseitigen Versuche, das Zend zu umschreiben, und mache neue Vorschläge zur Umschreibung der iranischen Sprachen, nicht aber ohne die vorzuschlagenden Transscriptionen erst längere Zeit privatim practisch erprobt zu haben. Denn dass eine Transscription practisch brauchbar sei, bleibt doch die erste Anforderung, die man an sie stellen muss.

INHALT.

	Seite
Erster Abschnitt. A. Lautsystem und Umschreibung	1—11
B. Dialecte	11—15
Zweiter Abschnitt. Etymologie.	16—73
Wörter beginnend mit: a (ä)	17—26
b	26—29
w, v	30—32
g	32
γ = q	32—34
d	34—37
ä	37—38
z	38—40
j	40
ǰ	40—42
y	42
k	42
p	42—46
q	46
l	46—47
m	47—50
n	50—52
r	53—54
s	54—57
š	57
t	57
t̕	57—60
f	60
o, uo, u	60—63
i	63—68
x	68—71
c c̕	71—73
Dritter Abschnitt. Lautlehre	74—114
§ 1. a	74—79
§ 2. au	79—80

		Seite.
§ 3.	*ai*	76
§ 4.	*ā*	76—80
§ 5.	*āu, āi*	80
§ 6.	*a* im Wechsel mit *ā*	80—82
§ 7.	*i̯*	82—84
§ 8.	*i*	85
§ 9.	*ī* und *ē*	85—86
§ 10.	*o*	86—87
§ 11.	*u*	87—89
§ 12.	*ū*	89
§ 13.	*y*	89
§ 14.	*v*	90—92
§ 15.	*k*	92
§ 15a.	*k̑*	92
§ 16.	*g*	93
§ 17.	*c*	93—94
§ 18.	*j*	94
§ 19.	Die Palatale	94—95
§ 20.	*t̑*	95—96
§ 21.	*t*	96
§ 22.	*d*	96—98
§ 23.	*p*	98
§ 24.	*b*	98
§ 25.	*x*	99
§ 26.	*q* und *γ*	99—100
§ 27.	*s*	100—102
§ 28.	*z*	102
§ 29.	*f*	102—103
§ 30.	*w*	103—104
§ 31.	*n*	104—105
§ 32.	*m*	105
§ 33.	*r*	106—107
§ 34.	*l*	107—108
§ 35.	Umstellung	108—109
§ 36.	Vereinfachung von Lautgruppen	109—112
§ 37.	Schwund	112—115
§ 38.	Stimmtonentwicklung	115
§ 39.	Entsprechung der iranischen und ossetischen Laute	115—117
Vierter Abschnitt. Lehnwörter.		118—136
Nachträge und Berichtigungen		137—145
Index		146—151

A. LAUTSYSTEM UND UMSCHREIBUNG.

Die Aussprache des Ossetischen ist früher behandelt worden von Sjögren, Ossetische Sprachlehre p. 6—28, von Rosen, Ossetische Sprachlehre p. 3—4 und Lepsius, Standard Alphabet (2. Aufl.) p. 138—140, nach deren Angaben ich in der „Umschreibung der iranischen Sprachen und des Armenischen" p. 24—26 das ossetische Lautsystem aufgestellt und besprochen habe.[1] Inzwischen hat Wsewolod Miller die Aussprache des Ossetischen neu untersucht und in den im Vorwort erwähnten Osset. Studien II, p. 3 flg. über dieselbe sehr wichtige Bemerkungen gemacht, die ich hier im Auszug mittheilen und für die Umschreibung des Ossetischen verwerthen will.

1) a ist das reine, offene a (p. 3).

2) $\ddot{a}$ steht zwischen offenem a und offenem e, aber näher dem ersteren (p. 4).[2]

---

[1] Ebenda p. 44 habe ich, von Sjögrens Bemerkungen, Osset. Spr. p. 23, irregeführt, die Sjögren'schen Zeichen für die tonlosen Africaten mit einander verwechselt, es sind also die Zeichen für $č$ und ch sowie die für c und ch miteinander zu vertauschen. Uebrigens unterscheidet Schiefner die Africaten der Thusch-Sprache (Versuch p. 8) in derselben Weise wie Sjögren die des Ossetischen. $č, c$ (meiner Umschreibung) ist eine Verstärkung von $č, c$, die mittelst intensiverer Berührung der obern Zahnreihe durch die vordern Zungentheile hervorgebracht wird.

[2] „Das ungewöhnte Ohr des Ausländers erfasst den Unterschied zwischen $\ddot{a}$ und a nicht immer. Z. B. schreibt Sjögren: bäх Pferd, og (dig.) ich, aber in den von Osseten (Tschonkadze, Tsorajew,

3) Sjögren's *ie* ist wie sein *é* langes geschlossenes *e* (also *ẹ̄*) nach palatalisirten Consonanten und lautet wie russisches *ě* und *e* in den Wörtern *lémeša, měritĭ, rěči*, d. h. wie *ě* und *e* unter dem Accent, wenn ihnen eine Silbe mit einem den vorangehenden Consonanten erweichenden Vocale folgt (also nicht wie *ě* in *měra* u. s. w.). Miller gebraucht dafür das litauische Zeichen *ẽ* (p. 4—5), ich wende bei genauer Bezeichnung *ẹ̄*, sonst aber *ē* an.[1]

4) Sjögren's *e* klingt durchweg wie *ä*, sein *ettämä, bärzéy, bire* also wie *ättämä, bärzäi, bärä*. Dasselbe *ä* erscheint im Suff. des Ablativs *äi* für Sj. *ey*, im Futurum: *njmäijnän* (T) für Sj. *njmäjjineu, nimäijänän* (D) für Sj. *nimayjeneu*, in den Ordinalzahlen: *çippäräm* (T) für Sj. *çippärem, çippäräimay* (D) für Sj. *çuppáireymáy*. Daher ist *e* neben *ä* überflüssig, und Miller wendet *e* statt seines *ẽ* nur in den Fällen an, „wo *ẽ* auf *y* folgt": *yeu* ein (für *yẽu* aus *ẽu*), *yewyud* vergangen, *yes* ist u. s. w." (p. 5—6).

5) Das ossetische *o* ist ein geschlossenes *o* wie das deutsche *o* in Boden, gross; es lautet nicht wie das russische accentuirte *o* in *boyá, моχи*. Ein offenes *o* giebt es im Ossetischen nicht so wenig wie ein offenes *e* (p. 6).

6) Der unbestimmte Vocal des Ossetischen hat nicht den Klang des deutschen *ü*, welches die Osseten nur mit Mühe aussprechen, er klingt ähnlich dem russischen *ы* (*ui*), ohne mit ihm identisch zu sein, und entspricht zum Theil dem deutschen offenen *i*, z. B. in 'es ist' (p. 8).

7) *ö* findet sich nach Sjögren allein in der Partikel *böt*. Aber der Vocal dieser Partikel klingt nach Miller mehr wie ein flüchtiges *ä*, nicht wie *ö*, welches die Osseten überhaupt nur mit Mühe aussprechen können (p. 9).

i ist geschlossenes *i*, *u* geschlossenes *u* (p. 9).

8) Sjögren's *ѡ* ist der Halbvocal *r*, der sich nur vor andern Vocalen findet, z. B. *rat', brar, ueur, rä*. Der Halb-

Kokijew, Tukkajew) aufgezeichneten Texten erscheint in diesen Wörtern *ä*."

[1] Vielleicht verdient Miller's Bezeichnung den Vorzug. Salemann möchte Sjögren's *ie* beibehalten.

[2] Also *ge* für anlautendes dig. *ẽ*.

Vocal *y* (*i*) dagegen erscheint nicht im Ossetischen, statt seiner findet sich entweder der Vocal *i* oder der Spirant *j*, z. B. *jeu* ein, *jesa* Jesus (p. 9).

9) Diphthonge sind *ai, au, äi, äu, ei* (Miller's *ëi*), *eu* (Miller's *ëu*), *oi, ui, iu, ji*. In den Genetiven der vocalisch auslautenden Stämme schreibt Miller (der Etymologie wegen!) *og* für *oi*, *ug* für *ui*, *ag* für *ai*: „marzog aus *marzogi*, *fädług* aus *fädługi*, *łaxomug* aus *łaxomugi*" Gesprochen aber werden die Diphthonge *oi, ui, äi, ui*. Von den Diphthongen sind zu unterscheiden die zweisilbigen Vocalverbindungen wie *a — i*, *a — u*, es ist aber oft schwer zu entscheiden, ob in der Mitte der Wörter die Diphthonge *ai*, *au* oder die Verbindungen *a — i*, *ä — u* oder aber die Komplexe *aji, ieu* vorliegen. Vgl. *cäun = cä-un = cäcun* ich gehe, *njuuin = ajau-in = njmujin* ich zähle (p. 10).

10) Sjögren's Angaben über die Quantität der Vocale sind dahin zu berichtigen, dass 1) *a* nur dann als lang gehört wird, wenn auf ihm der Accent ruht (p. 13)[2], während es ohne den Accent als kurz (resp. als halblang) erscheint (p. 14);

dass 2) *o* gleichfalls dann lang ist, wenn der Accent auf ihm liegt (p. 14);

dass 3) *e* stets länger ist als russisches *e* und *i* unter dem Accent, aber nicht so gedehnt wie deutsches langes *e* in *Meer* (p. 15);

dass 4) *i* durchweg kurz ist und kein langes *i* (Sjögren's *u* in *rag, uxsut*) neben sich hat (p. 15);

dass 5) *ü* ebenfalls kurz ist (Sjögren's langes *ü* ist nur *ü* unter dem Accent) (p. 15);

---

[1] Vgl. auch Miller II, 128.

[2] Sjögren's *a* in *mad* Mutter, *znag* Feind, *ad* Geschmack, *nad* Weg, *łud* Ehre, *tas* Furcht, *uom* Ruf u. s. w. ist in der Aussprache nicht länger als sein *a* in *kar* Fuss, *rat* Bett, *darg* lang, *łałm* Wurm, *art* Flamme, *iard* sichen, *ast* acht und überhaupt in allen Einsilbern mit einem *a*, welches Sjögren nicht als lang bezeichnet (p. 11). — Für Schiefner's Ossetische Texte p. 68 bis Ende ist zu beachten, dass Schiefner im Anschluss an Sjögren „in einigen Fällen" das kurze *a* des Sammlers der Texte (Tsorajew) in langes *a* verwandelt hat, vgl. Mélanges asiatiques, Tome V, p. 673.

dass aber 6) ein Unterschied zwischen *i* und *ī*, *u* und *ū* (also unabhängig vom Accent¹) deutlich wahrnehmbar ist (p. 15).

11) Die Tenues mit Kehlkopfverschluss und die sogenannten aspirirten Tenues² werden von Miller (p. 16—19) ebenso beschrieben wie von andern neueren Gelehrten. Nur kommen nach Miller die Tenues mit Kehlkopfverschluss viel seltener vor als Sjögren angiebt, vgl. Miller, St. II, p. 21, 24, 68, 77, 79, 84. Hierin liegt ein Hauptunterschied des Ossetischen Miller's von demjenigen Sjögren's.

12) Das ossetische *x* ist nicht der deutsche *ach*-Laut noch auch das russische *x* sondern das grusinische *ẋ*, das armenische *ẋ*, also der hintere gutturale Spirant³ (p. 19). Der entsprechende tönende Laut ist gleichfalls ein hinterer Guttural (p. 20), beide sind also — bei genauer Schreibung — nicht durch *x* und *γ* sondern durch *ẋ* und *γ̇* zu bezeichnen.

Die tonlose Kehlkopfspirans *h* findet sich nur in einigen Interjectionen⁴; für Sjögren's *sahāt* Uhr, Stunde (arab. Lehnwort) hörte Miller⁵ *saxat* (p. 20).

13) Die Palatalen *k̓* und *ǵ* finden sich oft im Digorischen vor den weichen Vocalen *i*, *e*, z. B. in *K̓irist̓i* Christus, *ǵözun* anrühren (p. 20), die reine Tenuis *k* z. B. in *kirä* (tag. *ćir*) Kalk (p. 38).

14) Bei den Gebirgs**digoren** (im Aul Stur-digor) hört man jetzt nicht *š* und *ž*, sondern Laute zwischen *s* und *š*, *z* und *ž*. Ueber die geographische Verbreitung der reinen *š* und *ž* vgl. Miller p. 22 und 38. Aehnlich hört man im

---

¹ Vgl. *ya löp̓p̓ä* ein Knabe M I, 14, 3; *yämä* zusammen M I, 14, 4; *bäxťj ęar* bei den Pferden M I, 14, 7.

² Tenues mit schwachem Hauch ähnlich unseren *k*, *t* u. s. w. Ueber deren Bezeichnung vgl. meine Umschreibung der iran. Sprachen u. s. w. p. 25.

³ Ich freue mich jetzt, dass ich das Zeichen *ẋ* in Gebrauch genommen habe (vgl. Umschreibung der iran. Sprach. p. 7), da ich sehe, dass russische Gelehrte es längst schon bei der Umschreibung der kaukasischen Sprachen verwendet haben.

⁴ Z. B. *hai hai* ja! Matth. 11, 9.

⁵ Ebenso Tsorajew bei Schiefner. Oss. Texte 75, 8; *saxat̓mä*, 47, 16; *saxar* (Stadt, pers. Lehnwort).

Digorischen nicht reines č und j, sondern Laute zwischen
č und ć, j und j̍ (p. 22), auch nicht ś, sondern einen Laut
zwischen s und š, aber näher an s (p. 23—24). Diese Laute
sollen mit š, ś, č, ć, j̍ bezeichnet werden. Bei den Südosseten
hört man für tag. j den Laut j̍ d. i. weiches j, das nicht
selten in weiches š' übergeht (vgl. tag. järin == südoss. j̍ärin,
nicht selten š'ärin) (p. 22).

15) Die Laute č, j, c sind im Tagaurischen hart, im
Digorischen hart vor a, ä, o, u, aber weich (== ć, j̍, ć) vor
i und e (p. 23 und 38—39). Die Laute č und j können im
Tagaurischen sowohl hart wie weich sein, vgl. čizy (Mädchen)
und ćizy, läji (Gen. von läg Mensch) und läji (p. 23).

16) Sjögren's t' (== t̆)¹ und d' finden sich jetzt im
Tagaurischen nicht mehr, es erscheint dafür č und j. Doch
hörte Miller an einigen Orten wie Kamunt und Galiat, wo
ein Uebergangsdialect zwischen Digorisch und Tagaurisch
gesprochen wird, noch „zuweilen" t' für č (p. 23).²

17) Der Laut ć findet sich — nach Miller — nur³ im
Tualischen (Südossetischen), in das er aus dem Grusinischen

---

¹ Vgl. čizy, jetzt ćizy, dig. Kizye Mädchen (Sjögren, Sprachl.
p. 13).

² In den Texten, welche Miller in diesem Dialect veröffentlicht
hat (Oss. St. I, p. 82—90), findet sich weder t' noch d'; in den von
Schiefner, Osset. Texte p. 3 (als N 4 und 5) genannten Schriften
(Tiflis 1861) wird t' durch č, d' bisweilen durch j ersetzt: Tschon-
kadzo gebraucht in seinen Sprichwörtern (Schiefner, Oss. Texte
6—13) durchweg t' und d', aber er schrieb mit Sjögren's Alphabete
(Mélanges russes IV, p. 292) und im Anschluss an Sjögren's Sprach-
lehre (Miller, Oss. Stud. II, 13); in Schiefner's Texten p. 30—67
erscheint d' (häufig) neben č (z B. p. 41, 4: ći), aber in denselben
Texten p. 68—Ende erscheint nur noch j und č. Dabei ist zu beachten,
dass die Texte p. 30—50 und 68—Ende von demselben Tserajew
gesammelt und aufgeschrieben sind.

³ Nur so kann ich die Worte Miller's verstehn, die aber in
dieser Form nicht mit den Thatsachen übereinstimmen. Denn jedes
ausl. k (vgl. M. II, 69, wo 11 Beispiele für ausl. k angeführt werden)
muss doch vor den hellen Vocalen der Flexionssilben im Tag. zu ć
werden! Vgl. zudem tag. ćir = dig. k'irä M II, 38 (Sjögren's ćer
= dig. ćire Kalk), juli ćiri ein Laib Brot Schiefner, Ossct. Texte
70, 6, vgl. M I, 119, 21, ćḯdjin Rücken M I. 56, 26, (Maul)
M I, 86, 4 und ebenda das Druckfehlerverzeichniss.

eingedrungen ist; in demselben Dialect tritt *i̯* für *c*, *j* für *ǰ* ein (p. 24).

18) Der Laut *c* findet sich im Ossetischen nur in wenigen Wörtern (p. 24 und 80).

19) Sjögren[1] hörte ein aspirirtes *p* (*ph*) nur bei den Digoren und nur in dem Worte *pʼil* Elephant, das er aber auch in demselben Dialecte ohne Aspiration hörte. Miller bemerkt p. 24 dazu: „uns gelang es durchaus nicht ein aspirirtes *p* weder bei den Ironen (Tagauren) noch bei den Digoren zu hören, aber vielleicht findet es sich bei den südlichen Osseten, die den Grusiniern sehr nahe wohnen." Ueber das osset. *pʼ* schreibt er p. 84: „Dieser Laut findet sich ziemlich selten und zwar entweder in entlehnten Wörtern oder in solchen, deren Herkunft uns dunkel ist. Oefter findet sich die Verdoppelung *pʼpʼ* oder *bpʼ*." Darauf führt Miller 16 Beispiele für *pʼ* an, von denen sich mehrere bei Sjögren mit *p* finden.

20) *p* findet sich nach Miller noch seltener als *pʼ*, meist in Lehnwörtern, vgl. p. 24 und 84, wo 9 Wörter mit *p* verzeichnet werden.

21) Ossetisch *f* und *w* sind labiodentale Spiranten (p. 25).

22) Osset. *r* ist russisches *r* vor *a*, *o*, *u*, aber vor *e* und *i* ist es palatalisirt.

23) Das *l* ist im Ossetischen ein dreifaches, „1) das offene (harte) russische *l*; 2) das geschlossene (weiche) russische *l*; 3) das europäische (deutsche) geschlossene *l*. Vor *o*, *u*, *ä* hört man bald *l*, bald *l*, im Digorischen häufiger das erste als das letzte, beide Laute (*l* und *l*) erscheinen auch vor *i* im Tagaurischen (Ironischen); vor *i* und *e* hört man das russische weiche *l* oder auch das europ. *l* (*lęjiu* wie *liegen*)". Fortunatow bei M III, 36. Im Südossetischen hörte Miller kein hartes *l*.

24) Vor *i* und *e* ist *n* palatal wie russisches *n* vor *i*, *e*, *ě*, vor Gutturalen ist es guttural (p. 25).

25) Gemäss diesen Angaben Miller's ist also das ossetische Lautsystem folgendes:

---

[1] Sprachlehre p. 15.

Vocale.

Kurze   a   o   a   ä   i   ï
Accentlange   ǒ   ā
Lange   ō   ē   ī
Halbvoc.   v
Diphth. au, äu, eu, iu; ai, öi, ei, oi, ui, ji
Vocalverbindungen ai, ag u. s. w., agi, ärg u. s. w.

Consonanten.

	Tonlose Verschl.	Tönende Verschl.	Spiranten.	Nasale.	Liquidae.
	Tenues Aspir.	Mediae	Tonlose Tönende		
Kehlkopflaute			(h)		
Hint. Gutturale	q		χ γ		
Vord. Gutturale	k k̓ (kh)	g		n	
Palatale	k̓ k̓ (kh)	ǵ	ǵ	n	
Affricaten (reine / mouill.)	č č̓ (čh)	j			
	c c̓ (ch)	j			
	č̓ č̓ (č̓h)	j			
	c̓ c̓ (c̓h)	j			
mouillirte / Dentale	t̓ t̓ (t̓h)	d	š ž		r̓, ľ
reine Dentale	t t̓ (th)	d	s z	n	r, l, ł
Labiale (Labiodentale)	p p̓ (ph)	b	f	w	m

26) In der Praxis wird es nun gewöhnlich nicht nöthig sein, die Puncte unter die Vocale, zum Zeichen dass sie geschlossen sind, zu setzen, zumal offenes und geschlossenes o, u, i u. s. w. im Ossetischen nicht neben einander vorkommen. Auch den Strich über den accentlangen Vocalen kann man weglassen, wenn der Accent gesetzt wird. Ebenso wird man x und y für punctirtes x und χ, y für ǵ, u für n, ü und ù, r für r und r̓, l für l, ľ und ł setzen können, wie es Miller gethan hat, dessen Alphabet (p. 27) also nach folgender Tafel wiederzugeben ist:

Vocale.

u o a ä i ı
ó ú
ä e i
r

Consonanten.

q x ẍ
k k̓ g
　　　 ǵ
ë ȩ̈ j š ž
c c̨ ǰ ś ź
t t̓ d s z n r l
p (p̓) b f w m

Dazu kommt *h* und die mouillirten oder weichen Consonanten wie:

k̓ k̓ ǵ t̓̈ d̓ n̓ ć ḉ j ś̈ ź̧ ǰ und *š̈ ž̈* (p. 26 u. 40).

27. Die Beobachtungen Miller's decken sich, wie aus Obigem zu ersehen, nicht immer mit denen Sjögren's: wo sie sich widersprechen, wird man zweifellos Miller folgen. Aber die Umschreibung der von Sjögren mitgetheilten ossetischen Worte kann dabei im Wesentlichen dieselbe bleiben, wie sie von mir, Umschreibung p. 43—44, vorgeschlagen worden ist. Nur wird es sich empfehlen, den unbestimmten Vocal (mit Lepsius) auch hier durch *i*, seine (von Miller nie beobachtete) Länge durch *ī* zu bezeichnen, ferner *é* für *ẹ* zu setzen und endlich *o* durch *v* (Halbvocal), *v* durch *w* (Spirans) zu ersetzen, da nach Millers Untersuchungen Sjögrens *B* in den meisten Fällen, wenn auch nicht in allen [1], die Spirans bezeichnet. Wegen der Unterscheidung von *v* und *w* wird man sich in den einzelnen Fällen immer an Schiefner's und Miller's Texte wenden müssen, in denen

---

[1] Offenbar ist Sjögrens *w* im Inlaut Spirans, im Anlaut aber Halbvocal und bei phonetischer Schreibung im Anlaut durch *v* zu ersetzen. Auch schreibt ja Sjögren selbst: *wad* T = *rād* T, *wäjin* T = *vijin* T, *waljäg* T = *raljeg* T u. s. w., vgl. Sprachlehre p. 375 und 444.

— 9 —

zwischen Halbvocal und Spirans unterschieden wird. Sjögren's
e wird man ebenso wie die Nasale ŭ und ů beibehalten, die
Zeichen aber für die tonlosen Africaten gemäss der An-
merkung 1 zu p. 1 wählen.

Sjögren's Alphabet ist also nun nach folgender Tafel
zu umschreiben:

Vocale.

u   o (ä)   a   ö   e   i
ŭ   u   a   ä   e   e   i
e
ui, ui, ij u. s. w.

Consonanten.

                h
q   x   γ
k   k   g   ŭ
k̓   k̓   g̓   y   ů
č   č   j   š
c   c   j   s   z
t   t̓   d   n   r   l
t̓   (t̓)   d
p   p̓   b   f   w   m

In ähnlicher Weise hat schon Schiefner (Mélanges asia-
tiques, Tome V, p. 5 flg., 197 flg., 674 flg., Mélanges russes
Tome IV, p. 293 flg. das Sjögren'sche Alphabet um-
schrieben, nur hat

Schiefner: ö, u·y¹, g̓, j, e, e, z, c, č, š geschrieben,
      wo ich ij, u, e, z, y, č, č̓, j, c, c̓, j schreibe.

Ueber Salemann's Umschreibung vgl. KB 8, 50.

28. Rosen hat sich in seiner Ossetischen Sprachlehre
des georgischen Alphabetes bedient, über welches Lepsius,
Standard Alphabet ², p. 138 zu vergleichen ist. Doch giebt

---

[1] Ueber den von mir nicht beachteten Unterschied zwischen u
und y, den weder Sjögren noch Miller kennt, vgl. Mélanges asia-
tiques, Tome V, St. Petersburg 1868, p. 3: u (= y) ist offen, dem o
nahe stehend, u (y) dumpf, geschlossen.

Rosen selbst zu seinem Alphabet folgende lateinische Transscription:

u	o	a	é	i			
w							
			h				
q			ch	gh			
ķ	k'	g					
dš	č	ǧ	š	s'			
ts	t's	dz	s	z			
t	t'	d			n	r	l
p	p'	b	f		m		

die ich durch folgende ersetze:

u	o	a	e	i			
w							
			h				
q			x	ÿ			
k	k'	g					
č	č'	j	š	ž			
c	c'	j	s	z			
t	t'	d			n	r	l
p	p'	b	f		m		

Rosen's Vocalbezeichnung ist mangelhaft, sein *w* (das er als Halbvocal, also = *v* meiner Umschreibung, bestimmt) hat vermuthlich im Anlaut den Werth des Halbvocales (= *v*) im Inlaut aber den Werth der Spirans (= *w*).

Das hier in Vorschlag gebrachte Alphabet beabsichtige ich nur in vergleichend-sprachwissenschaftlichen Arbeiten anzuwenden, in andern dürfte folgendes[1] genügen:

Vocale.

u	o	a	ä	i	į
ü			e	ɨ	
v					

---

[1] Vgl. für das Armenische meine Umschreibung p. 38.

Consonanten.

```
                    h
    q        s    ŕ
    k   kh   g
    tš  tšh  dž      y
    ts  ths  dz  s   z
    t   th   d   s   z   n   r   l
    p   ph   b   f   w   m,
```

wobei Mouillirung durch j zu bezeichnen wäre.

In welchem Alphabete ossetische Texte zu publiciren seien, will ich hier nicht erörtern, doch will ich wünschen, dass das von W. Miller angewandte Alphabet[1] allgemeinen Beifall finden möchte.

B. DIALECTE.

Ueber die ossetischen Dialecte verdanken wir Miller (Osset. Stud. II, p. 30 flg.) folgende Angaben. Man unterscheidet gewöhnlich drei Dialecte, den nord-östlichen (oder östlichen), den nordwestlichen (oder westlichen) und den südlichen. Der östliche, am weitesten verbreitete Dialect wird gesprochen im Gebiet der Zuflüsse des Terek, nämlich des Fiagdon, Gizeldon und Ardon[2], sowie am mittleren Terek selbst. Die Stämme[3], die sich dieses Dialectes bedienen, sind die Tagauren (am linken Ufer des Terek und am Gizeldon), die Alagiren (am Ardon) und Kurtaten (in den

---

[1] Wenn Miller ebenso wie früher Sjögren in der Sprachlehre, Schiefner in den Oss. Texten und der Uebersetzer der Evangelien als Grundlage das russische Alphabet, nicht das lateinische, genommen hat, so hat er von seinem Standpunkt wie von dem der Osseten durchaus recht. Auch hat ja wohl das russische Alphabet in Asien noch eine bedeutende Zukunft.

[2] „Arre-don oder tolle Fluss", Klaproth, Reise, 2. Band, p. 375.

[3] Ueber die ossetischen Stämme und ihre Wohnsitze vgl. auch K. Koch, Reise durch Russland nach dem kaukasischen Isthmus. Stuttgart und Tübingen II, p. 92—101.

Schluchten des Sandon[1] und Fiagdon). Sjögren nennt diesen Dialect den tagaurischen im Unterschied vom digorischen, während die Osseten selbst ihn den irischen od. ironischen[2] nennen im Unterschied von dem digorischen[3] oder dugorischen und dem tualischen Dialect. Digorisch reden die westlichen Osseten am Flusse Uruch, tualisch[4] die südlichen Osseten, die auf der andern Seite des Kaukasus den Georgiern benachbart sind. Im ironischen oder tagaurischen Dialect ist die Uebersetzung der Evangelien, einige Bücher geistlichen Inhalts, die von Tschonkadze und Tsorajew gesammelten, von Schiefner edirten Texte (siehe im Vorwort) sowie der grössere Theil von Miller's osset. Texten abgefasst; digorische Texte hat zuerst Miller (Osset. Stud. I, Nr. 3. 4, 5, 6, 7 und 10 der 2. Abtheilung, p. 92—102, 108—114) veröffentlicht, während im südlichen (tualischen) Dialecte nur einige Büchlein geistlichen Inhaltes von Jalguzidze (zu Tiflis im Anfang dieses Jahrhunderts) publicirt worden sind. Eine scharfe Grenze zwischen diesen Dialecten existirt übrigens nicht, vielmehr gehen sie in einander über, z. B. der digorische und tagaurische in Galiat, Kamunt, Machčesk u. s. w. Aber der Unterschied zwischen dem tagaurischen und dem digorischen Dialect ist weit grösser als der zwischen dem tagaurischen und dem tualischen Dialecte, welcher letztere überhaupt[5] nach Ws. Miller am besten als Unterdialect des tagaurischen aufzufassen ist.

Die wichtigsten lautlichen Unterschiede zwischen dem digorischen und tagaurischen Dialecte sind folgende (Miller II, 32—44):

---

[1] d. h. Schwarzwasser.

[2] *ir* die Osseten = zd. *airya* der Arier. *ir-on* ossetisch, vgl. zd. *airyana* arisch.

[3] *Digór* = Digorien (im dig. Dialect) M I, 94, 1, *digär* = die Digoren, *aiguron* digorisch (im tag. Dialect) M I, 86, 7, 8.

[4] „Dwalethi im weiteren Sinne des Wort-, ist die allgemeine Benennung aller südlichen Osseten, in so fern sie zu Georgien oder Imerethi gehören." Klaproth, Reise, 2. Band, p. 383.

[5] Eine kleine Probe s. bei Sjögren, Sprachl. p. 32.

— 13 —

Digor. *a* entspricht in der Regel tag. *j* und ebenso:
i *j*
i *i*
anlaut. *ge* (= *ge*) anlaut. *i*
o (= iran. *ava*) *u*
anlaut. *vo* anlaut. *u*
vu, vö *o, ö*
vi, vu *u*
ausl. *ä* (*e*)
anl. *i*
k', g, k vor *i, e* *č, j, č* (Sjögrens
t', d') — aber
auch südossetisch *k', g,* z. B. *saugin* Priester, *k i* wer (p. 10);
anlaut. *ǵ* anlaut. *g*
š, . (Sjögrens *š,*) vor *i, e* *s* *z*
č, j, č (Sjögren *č, j, č*) vor *i, e* *g, j, e* aber
südosset. *č, j'* (auch *š', ž*), z. B. *č in* Freude (tag. *čin*), *čäjar*
Haus (tag. *čäjar*) p. 10;
ausl. *i* (= *ti*) *j*.

Von dem Uebergangsdialect, wie er in Kamunt und Galiat gesprochen wird, hat Miller in seinen Texten p. 82—90 eine Probe gegeben. Die wichtigsten Eigenthümlichkeiten dieses Dialectes sind folgende:

1) *i* tritt bisweilen für *j* ein (vgl. *ci* was? für *ci*, M I, 82, 18 u. s. w.);

2) Verbalformen auf *ä* wechseln mit Formen ohne dieses *ä* (über das Miller II, p. 36 zu vergleichen ist), vgl. *kadt ädä* M I, 86, 27 neben *kadt äd* M I, 90, 14;

3) „prothetisches" *i* findet sich gelegentlich, vgl. *isbält'a* er flocht M I, 86, 21 neben *šbält'a* M I, 86, 19;

4) die Postposition *-il* wechselt mit *ol*, aber das digorische *bäl* ist noch nicht zu hören, vgl. *cärdonil* am Wagen M I, 82, 25 neben *cärdonol* M I, 82, 19; im Tag. erscheint *ol* nach Gutturalen und *c, d* nach *g* und *ä*, sonst *il*;

5) *i* wechselt mit *e*, vgl. *egär* Jagdhund M I, 84, 2 neben *gegär* (für *egar*) M I, 84, 7;

6) *ǵ* und *k̂* erscheinen für und neben *j* und *ć*, vgl. *K̂izjitäi* von den Mädchen, M I, 90, 4 v. u.; *K̂i* wer M I, 86, 12 neben *ći* M I, 88. 8;

7) *γ* erscheint für *g* z. B. in *sau-γäd* = *sau-gäd* Laubholz;

8) *u* wechselt mit *m* im Auslaut einiger Verbalformen. Es ist also ein tagaurischer Dialect mit einigen digorischen Zügen. Miller II, p. 43—44.

Uebrigens finde ich, dass auch der Dialect der von Miller, I, p. 70—78 mitgetheilten Texte einige digorische Züge trägt, indem er *k̂*, *ǵ* neben *ć*, *j* und *i* neben¹ *ji* bietet, vgl. p. 70, 3—2 v. u.: *kärk̂ kämä i̯, sädä kärk̂i, fis kämä i̯, sädä fissi, γäγ kämä i̯, sädä γaǵi* wem Hühner sind, 100 Hühner, wem Schafe sind, hundert Schafe, wem Kühe sind, 100 Kühe. — Auch *sädä* hundert gilt als digorisch.

Zum Schluss noch eine Bemerkung über den Accent. Ws. Miller verwirft die Angaben Sjögren's über die Quantität der Vocale *a*, *ä*, *o*, und bemerkt, dass die Vocale *a* und *o* unter dem Accent lang, ohne Accent aber kurz sind. Woher aber erfährt man die Lage des Accentes in den einzelnen Fällen? Einzig und allein aus den von Ws. Miller publicirten ossetischen Texten, da diese allein accentuirt sind. Sieht man aber diese Texte auf ihren Accent an, so ergiebt sich, dass dieser Accent kein auf bestimmter Silbe ruhender fester Wortaccent ist, dass mithin die von ihm abhängige Quantität der Vocale eine wechselnde ist. Vgl. z. B. *k̂alak̂* die Stadt:

p. 20, 13 v. u. *k̂int'i-k̂alaći* in der Stadt Tint, ohne Accent, ebenso 22, 6 v. u.

p. 18, 2 v. u. *k̂int'i-k̂álaći* in der Stadt Tint, mit Accent auf der ersten Silbe.

p. 40, 9 v. u. *k̂int'i-k̂aláći* in der Stadt Tint, mit Accent auf der zweiten Silbe.

p. 22, 9 *k̂int'i-k̂alak̂mä* nach der Stadt Tint, ohne Accent.

---

¹ Vgl. sonst im Genetiv sing. tag. *gaǵi* = dig. *gadi*,
aber nach Palatalen: „ *läǵi* = „ *läǵi*,
„ *fiǵi* } = „ *fiuk̂i* etc.
und *fiućí* }

p. 20, 8 v. u. *t͗ʿut͗j-Kalakmōi* nach der Stadt Tini, mit Accent auf der zweiten Silbe.

p. 44, 3 *kalakj* der Stadt, mit Accent auf der zweiten Silbe.

p. 44, 21 *kalakāi* von der Stadt, mit Accent auf der ersten Silbe.

Vgl. ferner: 58, 2 v. u. *durä dzj* = 10, 4 *durä azj* zwei Jahre; 18, 1 v. u. *mäxäi att͗ämä* ausser uns = 22, 22 *däräi ät̀t͗ämä* ausser dir, 22, 19 *ai fästä*, 20, 10 *ai fästä*, 16, 5 und 12 *ai fästä* = darauf; 42, 17 *durä ēɛ u, yčām durä där raɛ̇yäräṅt* „wer zu zweien ist, die sollen beide ausziehen" (auf „beiden" liegt der Nachdruck); 18, 1 v. u. *max ɛu stäm pat͗ɛäx, mäxäi ät̀t͗ämä pat͗ɛäx ɛu ai ɛs* wir sind Herr, ausser uns ist kein Herr.

Sonderbar ist *ämä* „und" behandelt. p. 14—26 hat es fast immer den Accent: *ämä*, von p. 26, N 5 an = 38 hat es keinen Accent, auf p. 40 setzt der Accent wieder ein bis p. 58, p. 60—70 erscheint meist *ämä* ohne Accent, p. 70, N. XIV setzt der Accent wieder ein u. s. w.

Wechselt aber in solcher Weise der Accent und mit ihm die vom Accent bestimmte Quantität der Vocale *a* und *o* im Ossetischen, so ist dieselbe für die vergleichende Lautlehre wenigstens so lange gleichgültig, bis wir über das Wesen und die Stellung des Accentes genauer als es bis jetzt der Fall ist, unterrichtet sind. Hoffentlich geschieht dies bald durch W. Miller[1], der allein den ossetischen Accent kennt und gehört hat und in seiner Grammatik gelegentlich mit ihm als einem festen Wortaccent operirt.

[1] Derselbe bemerkt freilich noch Stud. I, p. 4—5 (1881): der ossetische Accent ist nicht scharf sondern schwach und bisweilen schwer erfassbar und geht zudem in einem und demselben Worte auf verschiedene Silben über unter dem Einfluss benachbarter Wörter. Uns ist es noch nicht geglückt genaue Gesetze aufzustellen, die den ossetischen Accent beherrschen...

ZWEITER ABSCHNITT.

ETYMOLOGIE.[1]

VORBEMERKUNG.

Im Folgenden bezeichne ich mit
D den digorischen Dialect nach Sjögren's Sprachlehre,
T „ tagaurischen[2] (ironischen) Dialect nach Sjögrens Sprachlehre,
Ss den südossetischen Dialect nach Rosen's Sprachlehre.
 (die Ziffern 1 und 2 der Citate bezeichnen die Spalte),
M I Miller's ossetische Studien, erster Theil: osset. Texte,
M II „ „ „ zweiter „ „ Grammatik,
Sch Schiefner's ossetische Texte.

Zu beachten ist, dass Schiefner's Texte durchweg tagaurische sind, wie auch die von mir gebrauchten Evangelien, während Miller's Texte p. 92—102 und 108–114 digorisch, im übrigen wesentlich tagaurisch sind. Ein zu M I, M II zugesetztes D bezeichnet auch hier den digorischen, ein beigefügtes T den tagaurischen Dialect. In der

---

[1] Bei den folgenden Zusammenstellungen habe ich absichtlich die mittel- und neu-iranischen Dialecte möglichst bei Seite gelassen.

[2] Ich habe die Bezeichnung „tagaurisch" aus alter Gewohnheit beibehalten, gestehe aber zu, dass sie zu eng ist und dass 'ironisch' den Vorzug verdient.

alphabetischen Anordnung¹ halte ich mich an Sjögren, der in der Hauptsache dem russischen Alphabete folgt. Die zur Schreibung des Ossetischen von Sjögren, Schiefner und Miller angewandten Zeichen sind nämlich alle dem russischen Alphabet entnommen.

Bei der Zählung der Zeilen in den Citaten aus M I und Sch werden die Ueberschriften stets mitgerechnet.

a

1) Negation *a* in *aragma* D, *arəgmä* T: spät, „eigentlich nicht-früh", Sjögren, vgl. *raji* D, *radz* T früh. *rapa* früher, alt Sch 76, 8; bei Miller: *ä* in *ärägmä* T M I, 64, 14. Comparat. *ärägmädär* D später M I, 96, 3. vgl. *räji* T früh M I, 40, 17; 64, 2, *räji* D früher, ehemals M I, 98, 11, *rägäi* früh M I, 50, 5, *rajmä raji* vor Zeiten Sch 99, 7; *ägad* Unehre M I, 42, 4; 44, 27; 106, 18, *ägad* ungeehrt Marc. 6, 4 von *kad* Ehre, vgl. *ägadkänin* verwerfen (nicht-ehren) Luc. 6, 22; *awäsmou* „vorwurfsfrei" (ohne Reue?) Sch 13, 114 von *fäsmou* Reue; *abuzujgtän* den Undankbaren Luc 6, 35 von *buznig* dankbar; *ädzxäi* (abl.) ohne Kraft M I, 104, 23, unmöglich Luc. 1, 37, von *tix* Kraft; *ädasäi* (abl.) furchtlos Luc. 1, 75, *ädas* in Frieden Luc. 11, 21 von *tas* Furcht; *äjil* schlecht Luc. 6, 23 von *cil* Ehre.

zd. *a* (z. B. *a-zata* ungeboren), skr. *a* (z. B. *ajata* noch nicht geboren). — Vgl. auch *ägəmig* stumm Matth. 9, 33 von *kom* Mund?

2) *ar-* in *argardan* D schneiden, abschneiden, *ar-diesun* D, *ardəsın* T weisen, zeigen; *äw-* bei M. vgl. *ärgarst* T geschlachtet M I, 86, 2, *ärdəsun* D, *ärwisın* T zeigen M II, 56, (weitere Beispiele M II, 217–218).

zd. skr. *apa*, vgl. zd. *apa-kərət*, skr. *apa-krt* abschneiden, skr. *apa-dəśayati* weist an, zeigt an. Vgl. auch zd. *aipi-kərət*, skr. *api-krt*.

M II, 218 stellt *äw* (*äf* vor tonlosen Consonanten) zu zd. *aiwi*, M III (§ 52) aber auch zu zd. *apa*.

3) *awdiesun* D, *awdisịn* T weisen, zeigen, *äwdẹ̈sun* D, *äwdịsịn* T M II, 56, *ḱu räwdisu* M I, 38, 22 wenn er zeigt, vgl. *äwdẹ̈sän* D Zeuge M I, 102, 3, *ärdisän* Zeugniss Sch 58, 11, Matth. 24, 14, *mäng-äwdisänťä* falsche Zeugen Matth. 26, 60,

zd. *daçsayçiṅti* (3 pl. pr.) sie weisen, skr. *dēçayati* zeigt, weist an.

4) *awzäg* D, *äwzäg*, *äwzäg* T, *ewzag* Ss 33, 1, *äwzäg* Sch 31, N 24; 32, N 25, 26, *äwzäg* T, M I, 66, 22 Zunge, Sprache,

zd. *hizva*, skr. *jihvā* Zunge.

5) *awī* D, *äwịi* T, *awi* T Sch 76, 8, *äwị́* T M I, 22, 4, *äwi* Matth. 9, 5 oder,

zd. skr. *cä* oder. Sehr fraglich.

6) *awinjun* D, *aunjịn* T, *ariujịn* T M II, 78 hängen, *ärçäunj* hänge es M I, 20, 9, *ärçäaxťa* er hing (trans.) M I, 22, 27,

np. *avẹ́xtan* (1. pr. *avẹ́zam*) hängen, aufhängen. Vgl. np. *äwang*.

7) *ayd* T Sch 36, 16, M I, 84, 2 v. u. Lende,

zd. *haxti*, skr. *sakthi*, *sakthan* Schenkel.

Bei Klaproth, Reise 206: *äyd* Lende, bei Rosen *wayd* Schenkel, (?) Ss. 33, 1.

8) *ad* D, T, *ad* D, T M II, 75 Geschmack, Luc. 14, 34, *ad-unịn* T schmecken, kosten, *adkin* D, *addin* T, *adgin* Ss 38, 2, *adjin* T, M I, 104, 4 v. u., *adjin* D, M I, 94, 2 v. u. schmackhaft, süss,

lat. *odor* Geruch, gr. ὀδμή Geruch, lit. *udimas* das Riechen.

9) *äd* mit, M II, 48 und 75, vgl. *ädgälťä, ädlägtä* D mit den Ochsen und Leuten M I, 92, 21; *ädkala balas* ein Baum mit Zweigen Sch 12, 99; *ädgärsťä* mit Waffen, bewaffnet Joh. 18, 3, Luc. 11, 21 (*gärsťä* Waffen M I, 20, 32); *äddaräs* mit Kleidern Luc. 8, 35, Marc. 5, 15 (*daräs* Kleid); *ädzond* vernünftig Marc. 5, 15 (*zond* Verstand); *ädxussän* mit dem Bette Luc. 5, 19 (*xussän* Bett).

zd. *hada* mit, vgl. *hadazaoṯra*.

10) *az* D, *äz* T, *äz* D und T nach Miller. z. B. M I, 98, 5 ich, zd. *azem*, skr. *aham*.

11) *azim* D, *zinon* T, Ss 31. 1. *äzinä* D, *zinon* T M II, 83 gestern.

np. *di*, *dinu*, bucharisch *dinch* Klaproth, Asia Polygl. ² 216, skr. *hyas*.

on in *zinon* ist Suffix, vgl. *farä* D im vorigen Jahre = *faron* T.

12) *aike* D, *aik* T, *aik* Sch 31. 13; 62, 2, gen. *aiçü* Sch 31, 15; pl. *aiçtä* Sch 93. 15; *aik* T, *aikä* D M II, 36, 1. 108, 3 v. u., *aik* Ss 34, 1 Ei.

np. *xäya*, gr. *ġiör*, lat. *ovum*, d. *ei*, ksl. *jaje*, russ. *jaico*.

13) *alj* Spitze in *käxj alj* Finger-Spitze Luc. 16, 24, skr. *agra* Spitze, äusserstes Ende, Anfang, zd. *an-agra* ohne Anfang.

14) *ali* D, *alj* T jeder, *alj* M I, 82, 6, *alj fürst'j* auf allen Seiten M I, 42. 19, *älö* Jeder M I, 60, 28, *alälon* täglich Luc. 11, 3, dig. *alionz* jährlich M I, 96, 25; 98, 8. zd. *hanrea*, skr. *sarva*?

Woher der ausl. Vocal dig. *i* - tag. *i*?

15) *am-*, *an-* T auch *äm-*, *än-*; bei Miller *äm-*, *än-* D und T, zusammen, gleich.

zd. *ham-*, *hañ-*, *hama-*, skr. *sam*, *sama*. Vgl. *am-rassun* D zusammentragen neben *rassun* tragen (Sjögren) etc. *äm* = zd. *hama* gleich in: *äm-djr* M I, 62, 10 von gleicher Kraft (*tjr*), *ämgäron* Luc. 9, 12 umliegende (Dörfer) = gleiche Grenze (*käron*) habend, *ämräz* gleichwiegend M I, 38, 3 u. u., *ämräad* Matth. 23, 30 theilhaftig (*fänd*), *ängom* friedlich, freundlich M I, 52, 4 zd. *homa-k-ana* gleichen Willen habend (v. Stackelberg, Btr. z. Syntax d. Osset. p. 9), vgl. dig. *äräad-ängom* bruderliebend M I, 108, 17. Dazu auch *äm-razän* M I, 62, 9 gleichartig, von *raz* Farbe, *razän* ähnlich, *ämjrea-jin* M I, 54, 18 Gevatter, vgl. Sjögren p. 393. Ferner das dig. *äusawär* Bruder (M I, 92, 2 etc.) aus *än-* sawär Mutterleib (vgl. *sawärjin*

T schwanger Sch 99, 14, bei Sjögren *swärjin* D, *swärdin* T), also gebildet wie gr. ἀδελφός. Im Tagaurischen ist daraus (durch **ärsinär*) *äfsimär* Bruder geworden, M I, 34, 7, 11, 87.

16) *amī* D, *am* T hier, *am* T M I, 14, 7. *ámi* D M I, 100, 20,

zd. *ahmya* hier, loc. *ahmi* des Pronom. *a*.

Vgl. *äm* T dort M I, 14, 2 v. u., *ómi* D dort M I, 100, 9, *rámi* I, 102, 6, vom Pronomen zd. *ava*; *käm* T wo, wann M I, 14, 1 v. u.; 22, 18, *kämi* D M I, 102, 11, vom Pronomen zd. *ka*.

17) *ama* D, *ämä* T, bei Miller: *ämä* D, *ämä* T und, zd. *hama* gleich, *hamaḍa* gleicherweise, skr. *sama* gleich, *samana* auf gleiche Weise, zugleich, gleichzeitig — ? Zweifelhaft.

18) *am-bud* D, *ämbjd* T faul, *am-buyun* D, *ämbün* T faulen, modern; bei Miller II, 33, 85: *ämbuyun* D, *ämbiin* T (mit *ba* zusammengesetzt: *bämbün* M I, 40, 5 faulen, stinken, *bämbidi* sie ging in Verwesung über M I, 54, 154, dig. *ämbaun* faulen machen, ptc. *ämbud*, M II, 175.

zd. *apuyant* nicht faulend, *paiti* Fäulniss, np. *puda*, *pūsūda* putridus, skr. *pūyati* wird faul, stinkend, *pūti* faul, stinkend.

D *fudl*, *fud*, T *jidl*, *jid* gehört seiner Bedeutung wegen (schlecht, böse, Schuld, Ursache) nicht hierher.

19) *ambird* D, *ambird* T. *ämbird* T, Sch 73, 6, *ämbärd* D M I, 96, 15, *ämbird* T M I, 40, 8, *ambird* Ss 37, 1 Sammlung, Versammlung, *ämbird* versammelt Luc. 8, 45, *ärämbirdstj* sie versammelten sich Sch 73, 2, *ärämbirdistj* ds., M I, 26, 16.

zd. *hqm   bereiti*, skr. *sambhrti* (Zurüstung).

Vgl. 53) *bar*.

20) *andar*, *ander* D, *andär*, *ändär* T andere, fremd. *ändär* T M I, 18, 15; 61, 15 andere, *ändär* D M I, 102, 13 anders als, ausser, mit Ausnahme von, *andära* T, Sch 14, 10 sonst.

skr. *antara* andere, verschieden von, got. *anpar* andere, lit. *antras* andere.

21) *andena, endema* D, *attemä, attir, ättämä* T, auswärts, aussen, hinter, *ättämä* hinaus, Sch 73, 6, *andieg* D, *attag* T äusserlich, *andiegei, andiegei* D von aussen, *ättgä* draussen Matth. 12, 46; *ät'tämä* T ausser, mit Ausnahme von (c. abl.) M. 1, 18, 1 v. u.; 22, 22; 24, 23 u. s. w., *ät't'egä* hinter M 1, 30, 18, *ät't'egä* T draussen M 1, 88, 12. *ät't'ädeär* draussen M 1, 88, 6, *ät'tämusmä* von der Tenne (*mus*) hinaus M 1, 90, 4. *ändämä* D hinaus M 1, 100, 8, *ämää-ändämä* D später, zukünftig M 1, 112, 9, *andegai* D draussen M 1, 100, 10.

skr. *anta* Grenze, Ende, *antya* am Ende befindlich, letzte, got. *andeis* Ende.

Vgl. weiter unten: *mädüg, midägei, midäm*.

22) *anä, anc*, bei Miller und Schiefner *änä* ohne, zu uhd. *ohne*, ahd. *ano*, got. *inu*, gr. *ἄνευ* oder zu zd. *ana-*?

Als Präposition steht *anä* z. B. M 1, 96, 11: *änä s' attär* D ohne ihr Oberhaupt; Sch 78, 13: *änä däcimä* T ohne dich. Sonst ersetzt *änä* regelmässig das fast ganz (vgl. Nr. 1) ausser Gebrauch gerathene *a* privativum, vgl. *aneznad* D = *anäzond* T unwissend, *anematge* D = *anämätge* T unsterblich, *änä-tärëgäd* D sündlos M 1, 108, 2. *änä-don* T wasserlos Sch 6, Nr. 4, *änädear* thürlos Sch 31, Nr. 12, *änä-sigdäg* unrein Sch 30, Nr. 9, *änäsast* ungebändigt Sch 30, 11. Vgl. gr. *ἄνευ-* (KZ 23, 273), zd. *ana* (z. B. *ana-ita* unbewohnt), prakr. *aṇa* (KZ 24, 426), kelt. *an* aus *ana* (KZ 24, 532) — ZDMG 38, 427.

23) *antaf* D, *antäf* T, *änt äf* M 11, 75: D M 1, 98, 18; Matth. 20, 12 Hitze, heiss, hitzig,

zd. *haṃ tapti-bya* (dat. pl. Vd. 4, 128 Sp. = 46 W), skr. *sam-tap* erhitzen, *saṃtapana* das Warmwerden.

Vgl. unten *taft*.

24) *anead* Ruhe (Sjögren), *äneadäi* (abl.) friedlich Sch 64, 14, *äneaḋ* Stille (*ηςυχία*) Matth. 8, 26, *äncün* leicht M 1, 42, 25, Comparat. *äneondär* Matth. 9, 5, *äncoi-jinad* Friede Matth. 10, 34, *ancagna* D, *ancagna* T ruhen (Sjögren),

bancadi er hörte auf Sch 101, 7. *ärinçagān* wir werden ausruhen M I, 50, 22, *ärinçadjstj* sie ruhten aus M I. 44, 1 v. u., *änçäen ізоподнт* Matth. 5. 35,

zd. *śaiti*, altp. *śiyāti* Behagen, Freude, np. *śad* froh, lat. *quies, quietus, quiesco*, Wrzl. *kyē*. Fick, Wörterb.[3] 1, 234 Brugmann M U I, 9—10, Verf. ZDMG 38, 431.

25) *ańalun, ańçalun* D, *ańaljaun, ańçaljaun* D, *ańgaljin* T, *ańgalin* Ss 40, 1 meinen, glauben, vermuthen, dafür halten. hoffen, *ańal ne dän* D ich glaube nicht, schwerlich (*dän* = ich bin), *ängäl·dän* T ich vermuthe Sch 94, 10, *ängäl ma ūt'* meinet nicht Matth. 5, 17; 10, 34, *ängūt k' ūdt'än* T ich habe dafür gehalten M I, 14, 10 (*udt'än* = ich war), *ängāltai* du meintest Sch 95, 10, *ängāltat'* ihr meintet Sch 58, 5, *n'ēnçālóģāi* D (Gerundium) M I, 94, 23 nicht vermuthend, *ängáljan* Hoffnung M I. 106, 11,

pz. np. *angārdan* erwähnen, schätzen, afgh. *angērgl* denken, arm. (aus dem Pers. entlehnt) *angarel* halten für, schätzen. Zu zd. *haṅkārayēmi*, skr. 2 *kar?* (vgl. KZ 27, 259 Anm.). Das Verbalsubstantiv np. *angariś* ist ins Georgische *angariśi* (compte) und ins Thusch *angriś* Rechenschaft (Schiefner, Versuch über die Thusch Sprache p. 107) eingedrungen.

Die osset. Verbalformen sind theils Zusammensetzungen aus dem Adjectiv *ängäl* 'meinend' und dem Hülfsverb 'sein' (cf. *ängälstj* sie meinen Matth. 6, 7) theils hergeleitet von dem (wohl denominativen) Verbum *ängāljin* (cf. *ängāljis* du hältst (dich für —) Joh. 8, 54).

26) *aäulje* D, *änguljä* D M II, 57. 1, 92, 12 Finger. *ängúlj-ul* am Finger M I, 88, 18 (Dialect von Kamunt), *ängulj-täi-där* mit den Fingern Matth. 23, 4, *änguljä* T Finger Luc. 11, 46, (*angurst'* T Finger M II, 57. *angurst'ēcän* D Fingerhut M I. 108, 8 v. u., *ängurstan* (?) T Fingerhut Sch 33, Nr. 45, *angurst* Fingerhut (?) Ss 36, 1),

zd. *ańguśta* Zehe. skr. *ańguri, ańguli* Finger, Zehe, *ańguṣṭha* Daumen.

Die genaue Uebereinstimmung von osset. *ängurst'ēcän* mit np. *angúśterana* Fingerhut deutet bestimmt auf Entlehnung des ossetischen Wortes. Auch *ängurst* (wo in den Texten?) = np. *angušt* Finger wird Lehnwort sein.

27) *ängur* Haken, Angel Matth. 17, 27, M II, 67, skr. *aṅka* Haken, gr. ὄγκος, lat. *uncus*, deutsch *Angel*.

28) *arázju* M II, 82 richten, *s-áraz* richte! M I, 22, 15, *s-aräs-ta* er stemmte (die Beine gegen —) M I, 26, 7, *s-aräs-ta* hat aufgerichtet, gebaut Sch 9, 54, *is-aräs-ta* D er richtete sich zu, machte sich zurecht M I, 108, 6, *arazün* das Aufrichten Sch 31, 14, *äräst* gerichtet M I, 88, 4, *arast* gerichtet (zur Erde) Sch 31, 17, *ärast-Kodťa* er machte sich auf M I, 40, 17, vgl. M I, 52, 14, *s-arazju* lenken Sch 12, 102, *arazin* regieren Ss 41, 2.

zd. *räzagęiti* ordnet, skr. *irajyáti* richtet, lenkt, leitet, gebietet, lat. *rego*, gr. ὀρέγω. Vgl. skr. *raj* herrschen und mein Vocalsystem p. 89 Anm.

Da der Bedeutungsübergang: richten, zurichten, zurüsten, schmücken u. ä. möglich ist, so kann hierher gehören: *arazj* schmückt, kleidet Luc. 12, 28, *arästa* er schmückte Luc. 12, 27, *aräst* geschmückt, gekleidet ebenda, *änä aräst durästj* ohne festliches Kleid Matth. 22, 12, *aräst-äi* (abl.) geschmückt, so sehr auch das pte. *aräst* an np. *arasta* zugerichtet, geschmückt (das von einer Wzl. *radh* abzuleiten ist), erinnert.

29) *arw* D, T, Ss 30, 1, M II, 50, M I, 24, 3 Himmel. zd. *awra* Wolke, skr. *abhra* Wolke.

Der Zusammenstellung von *arw* Himmel mit *awraj* T (Sjögren 541), *äwraj* M II, 103, Matth. 17, 5, *äwraj* Sch 33, 45 Wolke, Nebel stehen lautliche Bedenken entgegen.

30) *arwade*, *erwade* D Bruder, *arwad* T Verwandter, pl. *erwadeltä*, *erwad* Genosse Ss 32, 1, *ärwadältä* Freunde Luc. 14, 12; M II, 35: *ärwadä* D (pl. *ärwädtältä* D M I, 98, 13), *ärwäd* T (M I, 90, 6 v. u.).

zd. *bratar*, skr. *bhratar* Bruder.

31) *arǵ* Preis, Werth, Sjögren, Marc. 6, 37; 8, 37, M II, 50, zd. *arejaáh* Preis, skr. *argha* Werth, Preis.

32) *ard* oder *art* T Eid, Eidschwur, M II, 50: *ard*, Sch 83, 16.

arm. *erd-a-mu* Schwur, ksl. *rota* Eid.

Die Osseten „trinken" (*cörịn*) den Eid wie die Perser (*saugand xwardan*), vgl. *ärdxord* Eidgenosse Sch 48, 8; *asimä ard çi xäri* wer mit einer Frau einen Eid eingeht Sch 84, 2; *dä madimä ärdxord stäm* mit deiner Mutter sind wir durch Eid verbunden Sch 83, 11; *ard baxordtam* wir schwuren einen Eid Sch 100, 12; *ärdxor* Eidgenosse Sch 101, 2. — Sie werfen eine Silbermünze in eine Schale mit Bier oder Maische, trinken daraus und geloben sich Freundschaft, Sch 54, 32. — Schwören heisst auch *somị Känịn* Matth. 23, 20. Eid brechen: *mä ard mịn ma fäsainkän* mache mich nicht meinen Eid brechen Sch 83, 16 (*sain* betrügen).

33) *ardäy, ardey* D, *ärdäy* T, *ärdäy* D M I, 94, 3, *ärdäy* T M I, 26, 2 v. u., halb, Hälfte, Seite, *ärdägmard* halb todt Sch 84, 5. *fäsťägärdäy* Hintertheil M I, 50, 2 v. u.

zd. *areda* Seite, skr. *ardha* halb, Hälfte, Gegend.

Dazu *uordama* D, *aardämä* D M I, 100, 27 dahin, dorthin, *ärdäm* T dahin, M I, 22, 4 v. u.. *ärdịgäi* T von dort M I. 26. 29; *ärdämä* D hierher, bis jetzt M I. 100, 3, *ärdäm* T hierher M I, 34. 27; *alịrdäm* nach allen Seiten Sch 73, 12; *fäsťärdäm* nach hinten M I, 48, 13, von *co-* (gen. *coi* D) jener, *a-* (gen. *ai* D) dieser, *alị* jeder, *fästä* hinter + *ard-*Seite.

34) *arm* hohle Hand M II, 50, dig. *arm* M I, 94, 20. tag. *arm* Sch 33, 47,

zd. *arema*, skr. *irma* Arm.

Man beachte die Bedeutungsdifferenz!

35) *ars* Bär, D. T, Ss 34, 1, M II, 50, Sch 64, 6, zd. *areša*, skr. *ŗkša* Bär.

36) *art* brennendes Feuer, Flamme D, T, Ss 35, 2, M II, 49, *árt* M I, 18, 7, 88, 9.

zd. *ätare* (gen. *äθrö*) Feuer, arm. *air-em* zünde an.

„*art* ist eigentlich der Scheiterhaufen, dann die Feuerstelle im Zimmer". Tsorajew bei Sch 35. zu 25.

37) *arta*, *artæ* D, *artä* T, *ärtæ* D, T M II, 159, 1, 14, 1. *artæ* Ss drei.
zd. *θraʲo*, skr. *trayas* drei.

38) *arfak* D, *arfig* T, *ärfäg* D, *ärfig* T Sch 31, 20, M II, 58. *arfig* Ss 33, 1 Augenbraue,
zd. *brvad-byaʲo* (dat. dual.), np. *abrū*, skr. *bhrū*.

39) *ast* D, T, Ss, *ast* D, T, M II, 159, 1, 98, 2 acht, zd. *aštа* skr. *aṣṭau*.

Dazu *astаm* T = *astæmag* D, bei Miller II, 161; *ästæm* T (cf. Druckfehler bei M) = *ästæmag* der achte, zd. *aštəma*, skr. *aṣṭama*, achtzehn = *ästæs* M II, 160, *stäs* Luc. 13, 4, 11, 16; der achtzehnte = *stæsæm* T, *ästæsæmag* D M II, 161.

40) *afsad* D, T, *äfsad* T M II, 86, 1, 76, 12 (pl. *äfsadtæ* M 1, 20, 25; 22, 10) grosse Menge, Abtheilung von Personen, Heer, Regiment. *ursad kænin* Krieg führen Ss 12, 2. *ursadtæ* Heere Matth. 22, 7.
zd. *spâda* Heer.

41) *afsæ* D, *gefs* T, *äfsä* D, *gäfs* T M II, 17, Sch 80, 7 Stute,
zd. *aspa* m. Pferd, *aspa* f. Stute, skr. *açra*, *açrа*.

Vgl. Ss *ues-bar* Stute (dаг = Pferd), *zargæus* Ss, *zärgæus* T Sch 8, Nr. 35, *zärgæfs* T M II, 65 Maulesel (*zäräg* = Esel).

42) *afsæinag* D, *äfsæinag* T, *ursæinag* Ss 35, 2 Eisen, *äfsænag* T eisern M 1, 64, 19; 86, 23. *äfsäu* Eisen, von Eisen M 1, 64, 19; 68, 14; 70, 14; 72, 29 und 30; 78, 3. II, 86, Sch 14, 8 (*afsän*), 81, 13.
afgh. *ospanah*, *ospinah* Eisen, kurd. *hæsin* u. s. w. (Justi-Jaba, Wörterbuch 139). Vgl. auch Tomaschek, Pamir-Dialecte p. 70.
Osset. *äfsæinag* ist mittelst des adj. Suffixes *ing* von *äfsän* abgeleitet.

43) *aft* D, *awd* T, Ss, *awd* D und T, M II, 159, M 1, 24, 4 sieben,

zd. *hapta*, np. *haft*, skr. *sapta*.

awdäm T = *awdeimay* D; bei M II, 161: *äwdäm* T (cf. Druckfehlerverzeichniss) = *äwdäimay* D siebente, skr. *saptama*. — *äwdťäs* siebzehn M II, 160.

44) *axsawa*, *axsawe* D, *axsäw*, *äxsäw*, *exsäw* T. *äxsäw* Sch 75, 10, *äxsäw* M I, 14, 11; 46, 10 (*axsäw* M I, 40, 10 und *äxsäw* 50, 5 = *ai äxsäw* diese Nacht, vgl. *abon* heute = diesen Tag), *axsaw* Ss 30, 2 Nacht,
zd. *xšap*, *xšapan*, skr. *kšap* Nacht.
Vgl. *ämbis-äxsäwi* um Mitternacht Matth. 25, 6.

45) *axsaz* D, Ss, *axsäz* T, *äxsäz* D, T, M II, 159 sechs, zd. *xšvaš*, skr. *šaš* sechs.
äxsäzäm der sechste Matth. 20, 5.

46) *axsinak* Klaproth, Reise 209, Asia Polygl.[2] 96, *äxsinäy* Taube, gen. *äxsinäji* Matth. 3, 16, Marc. 1, 10, Luc. 2, 24,
zd. *axšaena* blauschwarz.
äxsinäy bedeutet ursp. die 'blauschwarze' ähnlich wie skr. *kapota*. Vgl. ZDMG 38, 427.

47) *axsir* D, *axsir* T, Ss 33, 2, *äxsir* D M I, 112, 3 v. u., *äxsir* T M II, 38, I, 112, 3 v. u., Sch 62, 14 Milch, np. *šīr*, skr. *kšīra* Milch.

48) *axšist* D, *axsist* T hitziges Fieber, Luc. 4, 38 und 39, *äxsist* M II, 76 geglüht,
zd. *xšusta* flüssig (vom Metall gesagt) ZDMG 38, 431, *šusta* geschmolzen ZPGI—?
axsist in seiner Bedeutung (Fieber) passt schlecht zu zd. *xšud* fliessen.

b

49) *bäynäy* M II, 47, Matth. 25, 36 nackt.
zd. *mayna* —?

50) *baz* T M I, 106, 6, II, 51 Kissen,
zd. *bareziš* Matte, skr. *barhis* Streu.
baz aus *balz?* Fortunatow bei M III, 39.

51) *bä..-jin* dick M II, 17; bei Sjögren: *basjin* D *basdin* T dick, fleischig.

zd. *bɑʒo* Weite, *baluci baz* viel, *baz* dick, skr. *bahula* dicht, gr. *παχύς* dick, fleischig.

jin = *din* = *jin* ist ein adjectivisches Suffix, vgl. adj. -*jin* Nr. 8.

52) *balase* D, *balas* T Baum; M II, 35: *bälasä* D, *bälas* T Baum (*bälási* des Baumes M I, 62, 2 v. u., *bäli-syhin* unter einem Baume M I, 52, 12), *balas* Eiche Ss 34, 2,

zd. *varesa* Wald, skr. *vṛkṣa* Baum — ?

Die Fälle, in denen osset. *b* im Anlaut ursp. *v* entsprechen soll, sind alle nicht ganz sicher.

53) *bare* D, *bar* T, Ss 32, 1. Matth. 6, 11; 19, 8. M I, 20, 13; 36, 9. Sch 43, 6, Luc. 4, 6; 8, 32 Wille, Erlaubniss, Macht.

skr. *vara* Wunsch — ?

Die Zusammenstellung ist sehr unsicher. Gehört *bar* zum Verbum *s-barin* messen Marc. 4, 24, *barin* fassen, begreifen Matth. 19, 12, *ämbarin* darauf merken Matth. 24, 15, *barin* wägen Sch 42, 7, dulden Matth. 17, 17, vergeben Luc. 7, 50 — ? Und kann dies zu zd. *bar* tragen gestellt werden wie lat. *tuli* (vgl. skr. *tul* aufheben, wägen) der Bedeutung nach zu *fero* gehört?? — An zd. *bar* tragen, zu dem oben *ämbird* Versammlung, versammelt gestellt worden ist, erinnern auch die Verba *awärin* und *äwärin*, die aber ihrer Bedeutung wegen doch von zd. *bar* getrennt werden müssen. *awärin* bedeutet 'geben': *awäräd* würde geben M I, 56, 6, pf. *ra-wardta* M I, 108, 20—22 (mit *ra-*), *läwardtoi* sie gaben M I, 54, 21, *lawar* Gabe, etc.; *äwärin* aber 'setzen, legen': *äwäri* er setzt Luc. 8, 16, *äwärd* gelegt Marc. 2, 4, *äwär-än* Lager M I 104, 2, mit Präfixen: *ni-awärdta* D hat gelegt M I, 92, 24; 98, 5; *s-ä-wärdta* legte M I, 18, 1. 9 etc., *s-ä-wärdtoi* sie legten M I. 36, 1 v. u., *a-wärdta* legte M I, 28, 16. *äwärdtoi* sie legten M I, 66, 20 etc.

54) *baräg* M II, 50, Sch 32, 30, 79, 5 Reiter,

zd. *bar* reiten (It. 5, 4; 10, 20), *ayarchara* Tageritt. *basar* Reiter.

55) *barze* D, *bärz*, *bärzei* T (vgl. M I. 29, 9; *bärj bärzöü* an den Hals des Pferdes) Hals, *barz* Ss 33, 1 Nacken,
zd. *baresa* Rücken (des Pferdes), np. *bus* collum, juba equi.
Vgl. *barç* Mähne M I, 42, 28, *bare* Ss 34, 1.

56) *barzond* D, Ss 30, 1, *bärzond* T, *bärzöud* D M I, 94, 18, T M I, 60, 6 hoch.
zd. *berezaut*, np. *buland*, skr. *brhant*.

57) *barse* D, *bärs* T, bei Miller II, 85: *bärz* Birke,
skr. *bhūrja*, ksl. *brěza*, lit. *bèržas* deutsch *Birke*.

58) *baste*, *bastä* D, *bästä* T, bei Miller *bästä* Gegend, Örtlichkeit, Vaterland,
skr. *vāstu* Stätte — ? Vgl. Nr. 52.

59) *battun* D, *bättin* T, *batin* binden Ss 40, 2, *bädľui* D er bindet M I, 108, 2 v. u., *bäťťin* T binden M II, 47, *baibasta* T er band zusammen M I, 66, 1 v. u., *bast* angebunden Matth. 21, 2, *bud* D, *bjd* T Band, Binde, Verband, *bast* T Fessel M I, 86, 23, *bändün* T Strick M I, 66, 26,
zd. *baṅdayeiti* bindet, *basta* gefesselt, skr. *badhnāmi* binde, *bandha* Band.

60) *beräy* D, *biräy* T, *biray* Ss 34, 1; M II, 32; *beräy* D, *biräy* T (gen. *biräyi* M I, 20, 9; 56, 10) Wolf,
zd. *vehrka*, skr. *vṛka* Wolf —?
Die Zusammenstellung ist in Widerspruch mit mehreren Lautgesetzen, daher unsicher.

61) *bieure* D, *bire* T, *beurä* D M I, 100, 15, *berä* 102, 5, 112, 4, *birä* T M I, 14, 2 v. u., 62, 4 v. u., *bira* Ss 31, 2 viel, sehr, lange,
zd. *baçvare* zehntausend.

62) *bjyun* D M II, 34, *biin*, *biyin* T Sch 65, 8, M I, 86, 19 (ebenda perf. *s-bidľo*), winden, flechten,
skr. *va* (pr. *vayati*) weben, flechten, *vēman* Webstuhl, ksl. *viti* (pr. *vija*) winden.
b = *v*? Vgl. Nr. 52.

63) *bon* D, T, Ss 30, 2. M I, 14, 4 (*üchü köni* drei Tage), 100, 3, Tag.

zd. *bana* Strahl, skr. *bhanu* Schein, Licht, Strahl.

Vgl. *fidä-bonhi-fäkünju* leiden Matth. 17, 12, *fidäbon-*
köni nüozu Matth. 17, 15, von *fid* schlecht, *bon* Tag und
könin machen. — *boniwägün* D Tagesanbruch M I, 92, 19
zu *bha* scheinen? M III.

64) *bor* D, *bor* T gelb, *bur* Ss 35, 2 Messing, gelb;
M II, 33; *bor* D („mit langem o"), *bür* T M I, 30, 25;
38, 8 (braun?), *borü* Sch 31, 15 gelb. *borä* Sch 74, 12.

np. *bōr* color ruber, equus rufus (Firdusi, ed. Vull. I,
449), *badheï bor* brown. — Vgl. russ. *borū* fuchsfarben.[1]

Dazu *barämälz* D, *barämür* T, *barämälz* M II, 89
Nachtigall = „Gelb-vogel".

65) *bod* Weihrauch Matth. II, 11, *bod-sajin-mä* zum
Räuchern Luc. 1, 9 (vgl. *sajin*).

zd. *baoidi*, np. *boi* Geruch, Weihrauch.

Auch bei M III.

66) *buni*, *banunu* D, *bju*, *binji* T postp. unter, Ss *bin*
Wurzel 34, 2, *binei* unten 30, 4; M II, 57; *bon* D M I,
100, 1, *bin* T Boden Sch 61, 17; *bin* T unter Sch 76, 2,
M I, 64, 2, *binj* unter Sch 72, 2, *bjnäi* von unterhalb Sch
73, 16, *binmä* zu dem Boden Sch 74, 5.

zd. *buna* Grund, Boden, np. *bun* Fundament, Ende,
Wurzel, skr. *budhna* Boden, Grund, das Unterste.

Vgl. Ss 35, 2: *doaribin* untere Thürschwelle gegenüber
duarisur obere Thürschwelle.

67) *-bon* D, *-bin* T Wald, vgl. *korttu-bon* D, *kördu-*
bon T Birnbaumwald.

zd. *vana* Baum, skr. *vana* Wald, Baum?

b — r? Vgl. Nr. 52.

---

[1] Russ. *borū* etc. aus dem Pers. entlehnt, Miklosich, türk. Elem. I, 33.

w = v.

(Das anlautende *w* Sjögren's ist nicht als Spirans sondern als Halbvocal = *v* zu sprechen, ebenso Rosen's *w*.)

68) *wa* D, *wä* T, bei Schiefner und Miller: *vä* euer, euch,
zd. *vō* euch, skr. *vas*.

69) *wād*, *vād* T Wind, häufiger: Sturm, Ungewitter, Schneegestöber, *wäde* D in den letzteren Bedeutungen, *wad* Ss 30, 2 Wind, *vad* Sturm M II, 49, *vad* Wind Matth. 8, 26, Luc. 7, 24,
zd. *vāta* Wind, skr. *vāta*.
Vgl. *vād-axsīn* Windeskönigin M I, 74, 1.

70) *wāyun* D, *vain*, *vain* T laufen, *vain* (*fadīl vain* verfolgen) Sch 83, 9, *s-rad-i-s* er lief M I, 14, 7. *ra-rad-i* er lief hinaus Sch 82, 16, *rāradī* er lief weg M I, 70, 10, *rā rāyāg bäx ma val ärväyäd* euer eilendes Pferd soll nicht mehr eilen M I, 74, 9,
zd. *vī* eilen, trans. verfolgen, skr. *vī* herbeikommen?
Die Zusammenstellung halte ich nicht mehr für richtig, da die ossetischen Formen durchaus auf eine Wrzl. *ra* weisen.

71) *waljey* D, *waljäg*, *valjeg* T, *valjäg* Sch 6, Nr. 5, *valjäg* M II, 51 (dig. *väljäg* M I, 96, 3), *waljag* Ss 31, 2 Frühjahr, Frühling, im Frühling.
zd. *vañri*, np. *bahár*, skr. *vasanta* Frühling, lit *vasarā* Sommer.
eg, *äg*, *ag* ist Suffix.

72) *vart* T M I, 20, 2 v. u. Schild,
zd. *veredra* Panzer oder Schild, skr. *vartra* wehrend, Deich, Schutzdamm, ZDMG 38, 432.
Hierher der Name der Schildkröte, der bei Rosen 34, 2 *wartkinsaws* lautet, das in *wartkinxaws* (Rosen hat im georgischen Alphabet s und x, die fast gleich aussehen, verwechselt) zu verbessern ist: *wartkin* = tag. *vartjin* mit Schild versehen, *xaws* = tag. *xafs* Frosch, vgl. Klaproth, Reise 209.

— 31 —

73) *waran* D, *warjn* T, *värjn* M I. 36, 7, *varjn* Sch 79, 11, Matth. 5, 45; 7, 25, *warin* Ss 30, 2 regnen, Regen, *mit nucärdi* es schneite M I, 52, 15,
 zd. *varentí* es regnet, *vara* Regen, skr. *var* Wasser.

74) *vasin* blöken M II, 81, *räsjn* M I, 20, 17 Wiehern, *nj-räs-idi* es wieherte M I, 20, 16,
 skr. *vač* blöken, heulen, krächzen.
 vasäg Hahn (dig. *vasängä*) wird dazu gestellt, cf. Matth. 26, 34: *vasäg nicasa* (ehe) der Hahn kräht.

75) *vafin* M II, 50, *vafii* 3. p. pr. Sch 41. 3, spinnen, weben, *raft* gewoben Joh. 19, 23,
 np. *baftan* weben, pr. *bafam*, zd. *ubdačna* gewoben, skr. *vabh* in *ūrṇavabhi* Spinne, gr. ὑφαίνω, deutsch *weben*. Ist *vaph* die Wurzel von osset. *vafin*, np. *bafam*?

76) *väz* M II, 83, 1, 66, 27 Schwere, vgl. *väzzau* 66, 2 schwer, bei Sjögren: *uozzau, ozau* schwer,
 zd. *vaz*, skr. *vah* fahren, zd. *vazya* Ladung, deutsch *Wage*.

77) *värdeä* M II, 47 Wachtel,
 np. *vartej, vardīj*, bucharisch *vartij* (Klaproth, Asia Polygl.² 250), kurd. *verdi*, skr. *vartika*, gr. ὄρτυξ. Wohl Lehnwort.

78) *warik* Ss 34, 1, *urek*, D *ur*, Klaproth, Reise 208, *värig* T M II, 88, *värigk* M I, 82, 1 v. u., *värjkg* Ev. Joh. 1, 29. Lamm, pl *värjdītä* Sch 31, 23 Lämmer,
 np. *barra* Lamm, kurd. *vark* Lamm (ZDMG 38, 93), skr. *uraṇa* Widder, Lamm.
 Vgl. Tomaschek, Pamir Dialecte p. 35.

79) *räss* D Kalb M II, 82, *näss* D, Klaproth, Reise 207.
 skr. *vatsa* Kalb, Junges, Kind.
 Vgl. finnisch *vasa, vasikka*, estnisch *vasik, vasikas*, wotisch *vasikka*, wepsisch *vasa*, livisch *vaski* Kalb — ? Ahlqvist, Kulturwörter p. 5. — Tag. *rod*, südoss. *rawod* (Rosen 34, 1) das Kalb.

80) *ećyun* D, *vīɣin* T M II, 56 erschüttern, bewegen, *är-ba-rä-eiɣin* zu sich hin bewegen M I, 128, Nr. 118,

zd. *racya* Schlag, Streich, skr. *rēga* schnelle Bewegung.

81) *widon* Gebiss Ss 36, 1, *vidon* T Zügel Sch 10, Nr. 64, *ridon* T M I, 42. 26, *idónä* D M I, 108, 5 u. 11, *vidonä* = *gidonä* = *idonä* D M II, 90 Zaum, Zügel, *idon* Gebiss, Klaproth, Reise 212.

zd. *aiwidana*, skr. *abhidhānī* Halfter, sariqoli *ridon* a bridle (Shaw 200).

Vgl. Tomaschek, Pamir Dial. 73.

82) *winun* D, *uiṅ* T, *uiṅ* Ss 39, 2 sehen, *ūuiṅ* T ich sehe M I, 26, 9 (D *einái* er sieht M I. 94, 16), *wind* D sichtbar, Gesicht, Anblick, Schein. *und* T Anblick Sch 85, 15,

zd. *vaçnāmi* ich sehe, np. *bīnam*.

pf. *fedta* er sah Matth. 20, 3 und passim — *fä + idta*, *udtón* ich sah M I, 26. 11.

83) *rómun* D sich erbrechen, *omd* das Erbrechen M II, 88, *omiṅ* T, ipf. *nmdton*, dig. auch *nmdton* M II, 174, 5 v. u.,

zd. skr. *ram* vomere.

84) *wurz*, *curz*, Ss 33, 2, *urs* T M II. 59, Sch 84, 13, (acc. *úrsi* M I, 16, 2 v. u.) Hengst.

zd. *varśni* männliches (Schaf), skr. *vṛśṇi* mannhaft, Widder, *vṛśan* männlich, Mann.

g

85) |*galieu* D link, lässt sich nicht zu gr. λαιός, lat. *laevus*, ksl. *lěvu* stellen, da es keine Partikel *ga-* im Ossetischen giebt.

gäd T falsch, betrügerisch, schmeichlerisch gehört nicht zu zd. *gada* Räuber. afgh. *gal* Dieb, Räuber, weil die Bedeutung verschieden und ursp. anl. *g* im Ossetischen durch *ɣ*, *q* vertreten ist.|

ɣ = q.

86) *ɣade* D, *ɣad* T Baum, Balken, Holz, Wald, *ɣädä* D, *ɣäd* T.

zd. *gada*, skr. *gadā* Keule — ? M II, 72.

Mir fraglich, da die urspr. Bedeutung doch wohl 'Keule' gewesen ist.

87) *galas*, *gales* D, *gäläs* D, *gäläs* T M II, 72, Marc. 1, 3, Luc. 3, 4 und 22 Stimme (*goreš*), *käün-gälistäi* M I, 16, 4 mit weinerlicher Stimme,

lit. *gársa-s*, ksl. *glasu* Stimme, lat. *garrio* schwatze.

88) *gar* D, *gar* T, Ss 32, 2, *gär* D M II, 72, *gär* T M I, 34, 20 Geschrei, Ton, Laut, Stimme, *gärkänän* D M I, 98, 20 rufen, schreien, *ra-gär-kadta* er schrie Sch 84, 6.

zd. *gar* anrufen, skr. *gar* (*grnoti*) anrufen, rufen, *gir* Anrufung, Preis, Rede, Sprache, gr. γῆρυς.

89) *gärzun* D, *gürzju* T stöhnen,

zd. *garez* klagen.

Nach M III, 14. Vgl. *gast*, *gast* Klage?

90) *gar* D, *garm* T, Ss 38, 2, Sch 69, 9 warm, *garm-kanun* D, *garmdängi* T wärmen: M II, 50; *garm* D, *garm* T warm,

zd. *garema* warm, skr. *gharma* Gluth, Wärme

Vgl. *garmäg* Sch 69, 7 und 13.

91) *gau* D, *gau* T; M II, 38; *gäumä* D (vgl. *gäumä* ins Dorf M I, 96, 121, *gäu* T (vgl. *gürj* gen. M I, 10, 20) Dorf, got. *gavi* Gau — ??

Ich glaube aus mehreren Gründen nicht an die Richtigkeit dieser Zusammenstellung.

92) *gesä* D, *ges* T, M II, 56, *gis* Sch 61, 12 Borste, *gisgun* mit borstigem (rauhem) Haar M I, 84, 5.

zd. *gaesa* „the hair dressed in two or three curls" ZP Gl., np. *gesu*, *ges* Locken ?

Bedeutungsunterschied!

93) *gog*, *gok* D, *gug* T, Ss 34, 1, Sch 62, 14; M II, 35; *gog* D (vgl. *gogi* gen. D M I, 110, 15), *gug* T (M I, 70, 3 v. u., gen. *goju* ebenda 2 v. u.) Kuh,

zd. *gaus* Kuh, skr. *gaus*.

Mit *γoji çarir* Butter vgl. arm. *kogi* Butter (von *kor* Kuh), skr. *garya* von der Kuh stammend.

94) *γos* D, *gus* T, Ss 33, 1 Ohr, *γossun* D, *gussin* T, *qusin* Ss 39, 2 hören; M II, 33: *γos* D, *gūs* T Ohr, *iγósis* D du hörst M I, 100, 5, *qūsin* T hören M I, 24, 13, *féguston* ich hörte M I, 30, 24,

zd. *guośa*, np. *gōś* Ohr, skr. *ghôṣa* der Lärm, das Tönen u. s. w.

95) *γun* D, *qun* T Haar. Farbe (des Haares) M II, 72, M I, 64, 2 (*quntäi* von den Haaren (des Kopfes) Matth. 5, 36, *tevai qunäi* von Kameelshaaren Marc. 1, 6) ist zu zd. *guona* Farbe (ZPGl. p. 6 auch vom Haar) gestellt worden, von dem Geldner, KZ 25, p. 402, Anm. 1 annimmt, dass seine Grundbedeutung 'Haar' gewesen sei. Aber für zd. *guona* müsste im Dig. doch *γōn* erscheinen?

d

96) *dawe* D, *dan* T Zweifel; M II, 61: *dan* Argwohn, skr. *draya* zweifach, doppelt, doppeltes Wesen, Falschheit, gr. *dosi* Zweifel. got. *tweifls* Zweifel — ?

Fraglich, da *durä* zwei = skr. *dvā*.

97) *dawun* D, *dawju* T stehlen Matth. 6, 19, M II, 50, Seh 65, 14: *ra-dawdta* er raubte,

zd. *dab* (gd.) täuschen, *dawis* Betrug, skr. *dabhati* schädigt, hintergeht.

98) *dalei*, *dallei* D, *däli* T von unten, *dalema* D, *dälema* T nach unten, *dalir* D, *dälir* T unten, *dalay* untere Ss 30, 1, *dälläi* unterhalb M I, 90, 19, *dälä* T hinunter M I, 62, 6, unten M I. 64, 6 v. u., *dälämä* herunter M I, 16, 2–3, *dällig* der untere M I, 112, 27,

zd. *aδairi* unter, *aδara* untere.

In Comp. *däl-zäx-mä* auf die Erde M I, 66, 23; Seh 31, Nr. 17.

99) *darγ* D M I, 94, 21, T, Ss 30, 1, M II, 50, Seh 75, 8, lang, lange, *ūdarγ wägi* es wird lang M I, 62, 6,

därçämä D der Länge nach M I, 112, 7. *där, däm* langschwänzig M I, 84, 6.

zd. *dareγa*, skr. *dīrgha* lang.

Dazu *tarkos* D, *tarqus* T, *tarqus* Ss 34, 1, *tärqos* D M I, 112, 2, *tärqas* T M II, 21, *tärqus* T Sch 7, Nr. 19; 78, 14 Hase = Lang-ohr (*dar;* lang, *qas* Ohr).

100) *dard* D, T weit, ferne, Comparat. *darttar* D, *darttär* T, *därdtär* M I, 60, 7, *därdtär* M I, 62, 3 v. u. weiter.

russ. *dali* Ferne, Weite, *dališe* weiter — ?

Die von Tomaschek, Pamir Dialecte p. 85 genannten iran. Ausdrücke für 'weit, fern' gehören wohl zu zd. *dūra*.

101) *dares* D, T, *daras* Ss 36, 2, *däräs* M I, 40, 24, pl. *därästä* M I, 28, 10 Kleid, Kleidung.

zd. *dereza* Fessel, np. *darz* Naht, arm. *banderj* Kleid, skr. *drh* befestigen.

102) *darun* (Sjögren p. 402, KB 8, 52), *darju* T M II, 50 halten, *däi* er hält M I, 64, 11, *därjne* sie tragen I, 62, 18, *därdta* er hielt I, 14, 2 v. u.,

zd. *daraγami*, altp. *daraγamiy*, skr. *dharaγāmi* halte. Dazu *kuχdaran* Ss 36, 1, *kuχdarän* Sch 86, 9 Ring (von *kuχ* Hand, Finger), *çiraχdarän* Matth. 5, 15 Leuchter (*çiraχ* Licht).

103) *dägau* D, *däin* T M II, 77, 176, KB 8, 55 saugen, *däi* T es saugt Sch 7, Nr. 23, *dudtai* du hast gesogen Luc. II, 27.

zd. *daγnu* Weibchen (von Thieren), np. *daγa* Amme, skr. *dhaγāmi* sauge.

104) *dandag* D, *dändag* T, *dandag* Ss 33, 1, *dändäq* T M I, 38, 15, II, 47 Zahn, *dändäqtı qısqıs* Zähneklappen Matth. 8, 12.

zd. -*daūtan*, np. *dandan*, skr. *danta* Zahn.

105) Comparativ-Suffix: -*der* D, -*där* T.

z. B *stür-där* D M I, 100, 21, *stıl-där* T M I, 16, 13 v. u. von *stur* D, *stır* T gross, stark.

zd. skr. *tara*.

3*

106) *des* D, *däs* T, *das* Ss, *däs* D, T, M II, 159 zehn. zd. *dasa*, skr. *daça* zehn.

Dazu *däsäm* T der zehnte, zd. *dasema*, skr. *daçama*.

[*dättịn* T geben, s. u. *tatun*.]

107) *dimäg* Ss 34, 1, *dumäg* D, *dịmäg* T M II, 57, *dịmäg* T M I, 84, 10 Schwanz, als 2. Gl. von Comp. = *dịn* T, nach M I, 117, Nr. 4, aber vgl. *därịdịm* lang-schwänzig M I, 84, 6,

zd. *duma*, np. *dum* Schwanz, arm. *dmak* (Lehnwort).

108) *domun* zähmen (wo vorkommend?), skr. *dam* zahm sein M III, 22.

109) *don* D, T, Ss 29, 1, M II, 51, I, 64, 9 Wasser, Fluss (*dónị* des Wassers M I, 64, 10, *dómmä* in das Wasser I, 64, 11, *dónäi* aus dem Wasser I, 42, 3),

zd. *danu* Fluss, skr. *danu* jede träufelnde Flüssigkeit, Tropfen, Thau.

110) -*done* D, -*dón* T, *don* M II, 77 als 2. Glied von Comp. = Behälter, Ort.

np. -*dan* (z. B. *ob-dan* Wasserbehälter, Vullers, Gram. 229), skr. *dhäna* Behälter.

Vgl. *sändon* M I, 78, 4, *sändón* M I, 62, 3 v. u. Wein-berg (Wein-ort), *xordon* Matth. 3, 12; 13, 30 Scheune (Ge-treide-Behälter), *Ęurändon* Matth. 23, 19 Altar (Bet-ort), *cäzägdon* Seh 95, 13 Gastgemach (von *sän* Wein, *xor* Ge-treide, *Ęuräu* was zum Beten dient, *räzäg*, *räzäg* M I, 30, 24 Gast). Bei Sjögren dig. *sojin-döne* Nadel-büchse, *Ęork-tone* Hühnerstall, *seige-döne* Kranken-haus, *tamaku done* Tabaks-dose, *tarxon-done* Gerichts-hof, *uordon-döne* Wagen-schuppen.

111) *däçun* D, *däçịn* T melken M II, 58, *däçui* D sie melkt M I, 110, 15, 20,

np. *doxtan*, *dośidan* melken, pr. *dośam* ich melke, kurd. *dotin* melken, *dúśim* ich melke (Justi, kurd. Gram. 1894, baluci *dośag* (p. *duśtha*) to milk (Dames p. 75), afgh. *luašal* to milk.

Vgl. Tomaschek, Pamir Dial. 140. Als Wurzel nimmt Justi iran. *duxš, aus *dag — skr. duh melken (vgl. np. doġ) mittelst s erweitert, an.

112) du D, dį T du, gen. däu, dä, do D, däu, dä T deiner, dein, acc. däu, dä dich,
zd. tum du, gen. tava, pr. poss. čva, skr. tvam du, gen. tava, pr. poss. tva.

113) duu D, Ss, duä T, dará D, T, M II, 159 zwei,
zd. dva, skr. dva.
Dazu duday D, diday T doppelt, zweifach, dugaį D je zwei, dukkoy D, dikkoy T, bei M II, 161: dukkay D, dikkay T der zweite.

114) duar D, T, Ss 35, 1, M II, 49 dvar (dvär l. 20. 2 v. u., dvär-mä l, 18, 1 v. u.) Thüre,
zd. dvarem (acc.) Thor, skr. dvar (stark dvär, schwach dur).

115) dumįu D dįmįu T, dimiū Ss 41, 2 rauchen, aber auch wehen, blasen, russ. duti, duūe D, dįmgä T Wind, dimgan Ss 30, 2 Wind, dimgä D M II, 77. dįmgä T M I, 20, 25 und 28 Wind, ra-dįmdtoį dįmgätä Winde wehten Matth. 7, 25, dįmdtö er blies M I, 18, 9, fädįmdta dt. 18, 16,
skr. dhuu blasen, np. dam Athemzug, davuidan blasen, wehen.

116) dįsson T, dįsou T M I, 66, 10, dįssou M I, 42, 20 gestern Abend.
zd. daošatara westlich, np. döš gestern Abend, skr. döša Abend, Dunkel.
on in dįss-on ist Suffix, dįs- aus duš-.

ä

117) äwzär T schlecht M I, 64, 9, Matth. 7, 17,
zd. zbar, skr. hvar schief gehen, krumme Wege wandeln ?

118) ämbal T M I, 50, 23; ämbäl (pl. ųämbältä seine Gefährten l, 52, 2 v. u.) Gefährte, Genosse, College.

np. *hambar*, *hambar* socius, baluēī *ambal* mistress, lover, companion (Dames 43).

Dazu *sämbäldįstį il* M 1, 24, 4: sie begegneten ihm — ?

119) *änuson* Marc. 10, 30 ewig, *änusį* Sch 79, 11 unvergänglich.

zd. *anaoša*, phl. *anōšak* unvergänglich.

120) *änar* D; M II, 35: *ängar* und *ängarä* D, *ängar* T, 67; *ängár*, pl. *ämgärtį* (acc.) Luc. 15, 6, Gefährte, Genosse, College.

np. *hamkar* ejusdem artis, collega.

121) *äfsärm* T, *äfsärmi* D M II, 86 Schande, *fefsärmį ujįstį* sie werden sich schämen Matth. 21, 37, *báfsärmi raïd* würde beschämt sein M 1, 40, 21—22, *äfsärmį-känįn* ich schäme mich Luc. 16, 3.

zd. *fšarema* Schaam, np. *šarm*.

122) *äxsïn* T Sch 31, Nr. 15 Herrin, vgl. *rádaxsin* M 1, 74, 1 Herrin der Winde.

zd. *xši* herrschen, skr. *kši* M II, 73 — ?

Sehr fraglich. Zu unterscheiden von dig. *äfsinä* = tag. *äfsin* Sch 88, 1, 93, 14, M II, 109, Matth. 10, 35, Hausfrau, Wirthin, Schwiegermutter. M II, 34 steht wohl *äxsïn* (Schwiegermutter, dig. *äfsinä*) für *äfsïn*?

z

123) *izayun* D, *zain* T; M II, 38; *izayun* D, *zain* T bleiben, *bázzayāt́* bleibet! M 1, 52, 12, *bázzadī* blieb M 1, 18, 20; 36, 18, *bazzadįstį* sind geblieben Sch 71, 15.

skr. *ha(jahati)* lassen. pass. *hīyatē* zurückbleiben hinter.

124) *zämbįn* M II, 82 Gähnen.

skr. *jabh* schnappen nach, *jambha* Gebiss, Rachen.

125) *zanäy*, *zänäy*, Sjögren. Matth. 10, 21: *zay-* wachsen KB 8, 55, *zayi* es wird M 1, 62, 1, Matth. 7,

17. *zä-zaga* es wird wachsen M I. 61, 2. *ärzädi* wuchs M I. 56, 17, *nizzädi* sie hatte geboren M I. 18, 5, *ku nizzäidä* D so oft sie Eier legte M I. 108, 1 v. u., 110, 1.

zd. *zan* erzeugen, gebären, *zata* geboren, np. *far-zand* Kind, Sohn, skr. *jan* erzeugen, gebären, *jana* Mensch, Stamm, Geschlecht, zd. *us-zayeite* wird geboren, np. *zayad*, skr. *jayate*.

126) *zäng ä* M II. 47 Knie, untere Theil des Beines vom Knie an abwärts, bei Klaproth, Reise 206: *sange* (d. i. *zängä*) Schenkel, *zang-at-ji* auf die Knie Matth. 17. 14; 27. 29. Marc. 1. 40; 45. 19; *zängtä* Beine Joh. 19. 32. *zängöyi* (gen.) Schuh M I, 50, 12, *zängötä* Schuhe M I, 50, 9; 58. 10.

zd. *zanga* Knöchel, skr. *jangha* untere Hälfte des Beines vom Knöchel bis zum Knie, der obere Fuss.

Hierher der ossetische Dorfname: *biregzang-kau* Wolfsfuss-Dorf, Klaproth, Reise II. p. 379.

127) *zauo* D, *zax* T, Ss 29, 1; M II. 35; *zäuxä* D, *zäx* T Erde, *zauo* D auf die Erde M I, 94, 4 v. u., *zäxyi* auf der Erde M I, 24, 2.

zd. nom. *zä*, gen. *zemo* (d. i. *zmo*), skr. *jau-*, gen. *jmas* Erde.

128) *zaraa* D, *zarga* T, Sch 56, 10, singen, *zar* Lied, Gesang M I, 98, 17, Ss 37, 2, *zaräg* Lied Sch 41, 2.

skr. *jar* singen.

Nach M III, 27.

129) *zaraud* D, Ss 37, 2, *zäräud* T, *zäräud* D M I. 96, 4 v. u., *zäraud* T M I, 66, 22, alt.

zd. *zaurura* alt, *zaurra* Alter, np. *zar* Greis, skr. *ja-raut* alt.

130) *zäldä* M II. 47 niedriges Gras, D M I. 114, 4, ksl. *zelo* herba.

131) *zerdä* D, *zärdä*, *zärde* T, *zarda* Ss 33, 2, *zärdä* D M I, 98, 14, *zärdä* T M I, 56, 2 Herz, *zärdäti* in den Herzen Marc. 2, 6.

zd. *zaredaya*, skr. hrd, *hrdaya* Herz.

132) *zγar* Ss 36, 1, *zγär* M II, 72 Panzer,
afgh. *zγarah* Kettenpanzer.
zd. *zrada* Panzer stimmt nicht zu diesen Wörtern.

133) *zmäntju* zusammenrühren, vermischen, *si-zmäntju* bewegen, *si-zmästa* er bewegte Joh. 5, 4,
skr. *manth* umrühren —?
Nach M III, 35, wo angenommen wird, dass *z* für *s* (= zd. *us*, *uz*) stehe. Ich halte die Zusammenstellung nicht für richtig, weil ich meine, dass aus skr. *manth* im Ossetischen *mänd* hätte entstehen müssen. Vgl. Lautlehre § 22.

134) *zönum* D, *zönjn* T, *zonin* Ss 39, 2, *zönnu* D M I, 96, 3 v. u., *zónju* T (1 p. pr.) M I, 56, 28; 24, 16 wissen, kennen, *bázjdta* sie hatte erfahren M I, 38, 20, *zund* D, *zond* T M I, 32, 29 Verstand, vgl. *zond-jn* klug Matth. 7, 25,
zd. *zan* (*ava-zanąn* 3 p. conj. sie bemerken), np. *dānam* ich weiss, skr. *jānāmi* kenne, weiss, zd. *azaiñti*.
Davon trenne ich *zjnnjn* sich zeigen, sichtbar sein, *zjnni* (conj.) M I, 52, 12, dig. *zinnun* M II, 180.

135) *zumak* D, *zimäy*, *zjmäy* T, *zimay* Ss 31, 2, *zumäy* D M I, 96, 2, *zjmäy* T M II, 54 und 101 Winter, *zmäji* im Winter Marc. 13, 18,
zd. *zima* Winter, skr. *himа* Winter.

j

136) [*jorun* D, *jurjn* T, *jurin* Ss 39, 2, *járjn* T M I, 16, 4 reden, sprechen, *jurd* D, *jjrd* T Wort,
passt nicht zu skr. *gar*, *gur* anrufen, *jar* sich hören lassen, rufen, *jur* = *gur*, da die ossetische Wurzel *jur* urspr. *u* hat, indisch *gur*, *jur* aber aus *gr*, *jr* (von *gar*, *jar*) entstanden ist.]

i

137) *iwazä* D, *iwaz* T M I, 66, 11; 72, 26 ein bestimmtes Mass, Faden,
zd. *ribazu*?

Nach M III, 8. Gehört *iwaz* nicht vielmehr zu *iwazịn* ziehen, spannen? Vgl. *iwaz* mit Präf. *a* und *ba* ausstrecken K B 8, 67, *räiwasta* es zog M I, 86, 5, *raiwäzä-bäiwazä känünçä* D sie ziehen hin und her M I, 110, 3 v. u.

138) *iger* D, *igar* T (Sjögren, Osset. Stud. 577), *igär*, *igär* M II, 67, 90 Leber,
   zd. *yakare*, skr. *yakṛt*.

139) *iγal-känṇn* D, *qal-känịn* T wecken M II, 72, *s-qalịn* Ss 40, 2 aufwachen, *iγal* das Wachen Klaproth, Reise 214, *qäljäg-äc* wachet! Matth. 26, 38, *qäljäg fäun* zu wachen Matth. 26, 41, *gä siγalkodtoi* sie erweckten ihn Marc. 4, 38, *siγalstị* sie erwachten Luc. 9, 32, *raiqali* er erwachte Sch 81, 4 – 5, *räiqali* dt. M I, 40, 11, *Ku'rbaiγaläi* D als er erwacht war M I, 92, 20.
   zd. skr. *gar* wachen.

140) *inne* D, T, bei Miller (I, 14, 9, II, 55) und Schiefner (72, 15): *innä* andere, Matth. 8, 9: *innämän* dem andern.
   zd. skr. *anya* andere.

141) *insei* D, *säj* T, *saj*, *saj* Ss, nach M II, 160: *insäi* D, *ssäj* T zwanzig.
   zd. *vīsaiti*, skr. *viçati* zwanzig.
   Vgl. *ärtịssäj* M I, 18, 3—4 sechzig (= 3 × 20).

142) *ion* D, *on* T Glied, *ongtäi* von den Gliedern Matth. 5, 29,
   skr. *anga* Glied.
   Wie aber erklärt sich das *i* der digorischen Form?

143) *ir* die Osseten, *irön*, *iron* Sch 41, 2 ossetisch, *ironau* auf Ossetisch Sjögren, M II, 30.
   zd. *airya* Arier, *airyana* arisch.
   Nach Miller II, 30 werden mit *ir*, *iron* nur die Tagauren, Alagiren und Kurtaten bezeichnet im Unterschied von den Digoren und Tualen. — Vgl. Klaproth, Reise, 2. Band, p. 586.

144) *istan* D, ptc. *istadt* D, *stad* T; *sîju* T, *istan* D, ptc. *stad* T, *istad* D M II, 179, *sįst* stehe auf! Matth. 2, 13, *sįst* dt. M 1, 20, 29, *sįstj* er steht auf Marc. 4, 27, *sįstadi* stand auf Matth. 2, 14; 8, 16, *sįstadī* stand auf M I, 20, 32, *sįstjįstį* sie werden sich empören Matth. 10, 21.

zd. *hištaiti*, skr. *tišṭhati* er steht.

y

145) *yaf* in *ba-yafun* D, *ba-yafju* T; M II, 49: *yafju*, 86: *äyafju* einholen, erreichen, *ni-yáfta* M I, 40, 5 v. u. er holte ein. *käd — säyafju* ob ich (ihn) fände M I, 64, 27, np. *yaftan* finden, erlangen, einholen, erreichen, 1 pr. *yābam*.

146) *geu* D, *gu* T, *iv* Ss; M II, 159: *geu*, *geva* D, *gu* T ein, *guän* (dat.) dem einen Matth. 8, 9.

zd. *aeva* ein, gr. οἶος allein.

geu D aus **eu* (p. 2, 4) wie *gu* T aus **iu*.

147) *gan*, *geo* Klaproth 210, *ce* Ss 35, 1, *yān* M II, 47, Sch 45, 10, *geu* M I, 31, 29 und 31 Hirse.

zd. *gara* Feldfrucht, skr. *gura* Getreide, Gerste.

148) *gex* D, *ix* T, Ss 30, 2; M II, 33: *gex* D, *īx* T, M I, 22, 1 Eis, Hagel, *gexau* D, *ixau* T kalt, *ixän udi* es war kalt Joh. 18, 18, *nįgex* vereist, zugefroren M I, 32, 11.

zd. *aexa?*, np. *yax* Eis.

k

kattar cf. *kästir*.

ḱ

149) *ḱa* D wer, welcher (*ći* T, *ḱi* Dialect von Kamunt M I, 86, 12 neben *ći* 88, 8, gen. acc. *ḱē* D, *ḱäi* T, M I, 38, 11 was — fungirt auch als Conjunction — dass, M I, 20, 31; 114, 5 v. u., Sch 86, 2, Matth. 17, 13 etc. — loc. int. *ḱämi* D, T).

zd. *ka* (gen. *kahya* (gd.), loc. *kahmi*), skr. *ka*.

Dazu auch *käm* T wo, wann M I, 14, 25; 22, 18. *Kä-däm* wohin Matth. 8, 19, *Kä-d-ei* seitdem.

150) *Kalm* T Schlange, ebenso Ss 34, 2, M I, 38, 16, pl. *Kalmitä* D Würmer M I, 94, 14,

np. *kirim* Wurm, skr. *krmi, krimi* Wurm, Made.

151) *faKälun* D umwerfen, ausgiessen, *Kalin* T stürzen, giessen, *Käljn* ich schütte aus M I, 90, 6, *Käljn* sich ergiessen M I, 88, 17, *Käläi* D es fliesst M I, 110, 26, *Kälj* wird vergossen Luc. 22, 30, *Kald* vergossen Marc. 14, 24, *aKaldis* ergoss sich M I, 34, 29, *aKaldisti* kamen hervor M I, 34, 31, *ärKaldta* er vergoss (Thränen) M I, 74, 16.

skr. *kar, kiräti,* fut. *karisyati,* pass. *kirgate* ausgiessen, ausschütten, werfen.

Auch bei M III, 12, *Käljn* ist intransitiv, *Kälin* transitiv, vgl. *mäljn* und *märjn* M II, 49.

152) *Kanun* D, *Känjn* T, *Kanin* Ss 39, 2; *Känau* D, *Känjn* T M II, 66, 1, 22, 13 machen, thun.

zd. *kerenaoimi,* skr. *krnomi* ich mache.

Das perf. lautet *Kälta* er machte, das ptc. *Kond.* Dazu *Kuttag* D, *quttag* T, *Kutag* Ss 37, 4, *qättag* M I, 26, 6 die That. In Zusammensetzungen wird der Anlaut oft tönend: *Girgonäy* gewaltthätig M I, 62, 7. Das ptc. pass. auch *cind,* vgl. *oftä nä cindäri* „so wird es nicht gemacht" M II, 177. Ferner vgl. Matth. 7, 1—2: *Känut* machet — *cindäeu* es wird gemacht (sc. *fidKoi* Gericht) — *fidKoi-gond* gerichtet; Matth. 26, 9: *aräi-cindä-aluid* hätte verkauft werden können — *araiKänj* verkauft Matth. 13, 44.

153) *Kard* D, T. Ss 36, 4, Seh 44, 13, M I, 50, 11 Messer, Schwert. *Kärdän* D M I, 102, 1, 2 Scheere, *Kardin* Ss 41, 2 mähen, *Kärdan* D M I, 98, 15, *Kärdjn* T M I, 62, 20; 86, 12 (perf. *Kärsta* M I, 86, 8) schneiden, zerschneiden, mähen.

zd. *kareta,* np. *kard* Messer, zd. *keret,* skr. *krt* schneiden.

Vgl. M I, 74, 9: *rä Kärdag Kard ma ajkKärdäd* euer schneidendes Schwert soll nicht schneiden. Das neup. Wort ist von vielen Sprachen entlehnt worden, vgl. Miklosich, Fremdwörter 100, die türkischen Elemente II, 4. Es könnte also auch im Ossetischen Lehnwort sein.

154) *kark* D, T, *kark* Ss 34, 1. Sch 9, Nr. 45. 62, 3, *kark*, gen. *karki* M I, 70, 3 v. u., *kárǵi* M I, 34, 3 v. u. Henne, Huhn.

zd. *kahrkas* Geier (= Hühneresser), np. *kark* gallina. Vgl. *kärkrasän afoni* zur Zeit des Hahnenschreies Marc. 13, 35.

155) *karon* D, *käron* T; M II, 52; *käron* Ende. zd. *karana* Seite, Ende, np. *kanār* Ende.

156) *kästär* M I, 36, 4 v. u., *kästär* M I, 36, 2 v. u., 38, 5, 6 jünger, jüngst,

zd. *kasu* klein.

Gegensatz: *xistär* älter M I, 36, 4 v. u.

Davon zu unterscheiden: *kattar* D, *kadtär* M II, 70, *kádtär* M I, 48, 15 kleiner, weniger, minder. Comparativ von *kaháy* M II, 145, *kamiy* Ss 38, 1, das zu skr. *kaniyas* kleiner, weniger, geringer, *kaništha* kleinste, geringste, wenigste zu stellen nur das anl. *k* (für *k̑*) verbietet.

157) *kasun* D, *käsin* T, M II, 46, anschauen, betrachten, sich beziehen (spectare), im T auch: lesen. Matth. 21, 42, warten, scheinen (von Sonne und Mond),

zd. *kas* erblicken, skr. *kāç* sichtbar sein, erscheinen, überblicken.

Vgl. *käs* siehe! Matth. 8, 4. *käsi* er blickt M I, 26, 27, *kästi* er erblickte 16, 1, *bikäsu* bescheine 64, 1, *bikasti* beschien 64, 3, *xärjskäsäni* beim Sonnenaufgang 62, 1 v. u., *xur skäsji* die Sonne geht auf Sch 46, 6. Mit Erweichung des anl. *k* im Compositum: *xäjärgäs* Wächter des Hauses M I, 42, 16, *rodgäs* Kälberhirt Sch 101, 2. *xugästä* Sauhirten Matth. 8, 33, *yómgäs* Hirt (*yom* Heerde) M I, 46, 12.

158) *käd* D und T, M I, 14, 18; 20, 19 u. s. w., wenn, ob,

zd. *kada* wann, np. *kai* wann, wie, skr. *kada* wann.

Dazu *köʾlmā* bis wann? wie lange? M 1, 16, 2. Matth
17, 17, *kuinā* M 1, 18, 13, *kūd nā* M 1, 26, 30 wenn nicht.

159) *kāre* M 1, 30, 20; 34, 5, Sch 71, 8 Pelz.
„yidghah *karas*, waxi *karast*" Pelz — ?? Tomaschek,
B B 7, 203.

160) *kāf* gesalzener Fisch Sch 68, 10 v. u., *kaf* Seefisch Ss 34, 2, *käf-ars-ji-tä* Marc. 1, 16 Fischer (pl.
Fisch-fänger).

yidghah *kop* (Biddulph *köp*) Fisch, Tomaschek, B B
7, 198.

Der frische Flussfisch heisst *kasag* Ss 34, 2, *käsag* Sch
31, Nr. 10; 67, 8, *käsay* Matth. 7, 10.

161) *kam* Wille M 1, 112, 10, *komin* wollen, gehorchen
(*kamdta* er wollte M 1, 26, 8).

zd. *kama* Wille, skr. *kama* Wunsch, *kamayate*
wünscht, will.

Dazu (nach v. Stackelberg, Btrg. zur Syntax d. Osset.)
ängom M 1, 52, 4 (sie lebten zusammen) freundlich, friedlich — zd. *hamakama*, *ärawädängon* D bruderliebend M 1,
108, 17.

162) *kösan* D, *käsin* T, *knsin* Ss 40, 1, *kusin* M
II, 33, Matth. 6, 23 arbeiten, dienen, *kosay* D, *kosäy* D M 1,
100, 23, *kasäy* T, *kasay* Ss 32, 2 Arbeiter, Diener, Knecht,
Arbeiterin, Magd.

np. *kōšīdan* sich anstrengen, sich abmühen.

163) *ka* D, T als, wenn, da, weil, wie (M 1, 16, 3;
20, 6); *nikni* T, bei M 1, 64, 20; *niku* nirgends, 16, 8 niemals; *iskni* T, bei M 1, 62, 5; *isku* irgendwo; *kud* wie, da,
dass, damit (M 1, 16, 8 v. u., 22, 2, Matth. 17, 12), *kn-ma*
wohin.

zd. *ku* wo, *kuta* wie, *kutra* wo, wohin, *kuda* wo,
skr. *kuha* wo, *kutra* wo, wohin, *kutas* woher, wie.

164) *karma* blind Ss 38, 1, *kurm* Sch 12, Nr. 96;
Klaproth, Reise 215, M II, 59, *kormjtä* die Blinden Matth.
11, 5, *karmj* einen Blinden Marc. 8, 22, aber *karma* (mit
k) M 1, 60, 5, 7.

np. *kör* blind —?

Beachte Matth. 11, 5: *kurmitä* die Blinden neben *kurmatä* die Tauben.

q (vgl. ;̒)

165) *fa-qayun* D. *fa-qain* T. *qäyau* D. *qäin* T M II, 72 (ptc. *qud* 76) coire.
 np. *gā-dan* coire, afgh. *;̒ō* coition, copulation.
 Im Dig. wäre freilich vielmehr *;̒äyun* zu erwarten.

166) *qur* Kehle, Gurgel, bei Sjögren und Sch 70, 8, M II, 73, *á-ni-qurdton* ich habe verschlungen M I, 62, 23. zd. *garaüh* Kehle, skr. *gala* Kehle, *gar* verschlingen —? Die Zusammenstellung wird dadurch problematisch, dass — nach M II, 177 — als digorische Nebenform des Verbs *niqcärun*, imperf. *niqcardton* erscheint.

l

167) *liejun* D. *lijin* T. *lijin* Ss 11, 2; M II, 33; *lējun* D, *lijin* T. M I, 20, 13 laufen, fliehen, *lijut* fliehet Matth. 10, 23. *liydī* er floh M I, 20, 13.
 zd. *raçayeiñti* sie verlassen (die Schlachtreihen). np. *gu-rēz-am* ich fliehe, skr. *riç* räumen, frei lassen.

168) *ligun* D. *liin* T cacare. M II, 55, KB 8, 55, 3 p. ipf. *ligäd* Sch 61, 16; 2 p. ipf. *liy* Sch 61, 17.
 zd. *iri*. np. *redan* (pr. *riyam*) cacare.

169) *limän* D. *limän* T Freund.
 zd. *frya*, skr. *priya* lieb —?
 M II, 87. — *limän* = skr. *priyamāṇa* freundlich?

170) *lisk* D. *lisk* T (Sjögren). *lisk* T. *liskä* D M I, 112, 16. M II, 69 Nisse.
 np. *risk*, skr. *likšā* Ei einer Laus, Nisse.
 Die Zusammenstellung von np. *risk* und skr. *likšā* verdanke ich Nöldeke. Warum aber erscheint nicht im Np. die Form *rixš* und im Osset. *ljxs*? Auch das kaukasische *k* des Wortes (für *k̓*) ist auffällig (vgl. M II, 69), und es fragt

sich, ob *fisk* aus dem Persischen entlehnt sein kann. Vgl. *ensk*. Das ossetische Wort hat auch Miller III, 36 mit skr. *likṣa* zusammengestellt.

171) *luxtä känińçä* D sie zerreissen (intr.) M I, 98, 21, skr. *ruj* zerbrechen (pte. *rugṇa*), lit. *biżti* brechen, gr. ἄ-λυτο--ος, unzerreissbare Bande (W. Schulze, KZ 28, 280) — ?

Die Zusammenstellung ist falsch, wenn das osset. Wort mit Sjögren's *luxkanyn* D hauen, hacken (vgl. *lyḡkänja* abschneiden M I, 32, 26) identisch ist.

m

172) *män*, *mä* meiner, mein, mich, loc. int. dig. *mi* M II, 145.

zd. *mana* meiner, *maṃ*, *ma* mich, gen. dat. encl. *mē*, *mōi*, skr. *mama*, *mam*, *ma*, gen. dat. encl. *mē*, loc. *mayi*

173) *ma* D, T, M II, 88, M I, 70, 6, Matth. 24, 17 nicht (prohib.).

zd. altp, skr. *mā*.

174) *maʒʒ* Ss 33, 2, M II, 72, M I, 70, 1 v. u. Gehirn, zd. *mazga*, np. *maʒʒ*, skr. *majjan* Mark.

Aus dem Pers. entlehnt?

175) *madə* D, *mad* T, *mod* Ss 32, 1; M II, 35; *madä* D, *mad* T Mutter.

zd. skr. *matar*.

176) *a-main* T erbauen, *amagäg* aufbauend Marc. 15, 29, pte. *amat* gegründet Matth. 7, 25, *amadt* K B 8, 55, 59, M II, 49, *amjältjtä* pl. Gebäude Matth. 24, 1, *s-a-main* bauen Ss 43, 2, *s-a-madta* er baute Matth. 7, 25, *s-a-mai-jin-än* ich werde bauen Matth. 16, 18, *nimagan* D, *njmän* T; M II, 33; *nimagan* D, *njmän* T rechnen, zählen, *njmäj* Zahl M I, 76, 9 und 17, bei Sjögren: *nimad* D, *njmad* T gezählt, Zahl.

zd. *amata* erprobt, kundig, np. *amadan*, *amadan* (pr. *amagam*) efficere, effici, parare, implere, *numadan* (pr. *numagam*) zeigen, skr. *ma* messen, zurichten, verfertigen, bauen, machen.

177) *maige* D. *mäi* T, *mei* Ss 30, 2, *mägä* D. *mäi* T M II, 87, I, 16, 9, Matth. 24, 29 Mond, Monat, zd. *mä̂ńh, mä̂ŋha*, skr. *mas, masa*.

178) a) *malaľ* D. *mäläľ* T, *mäläľ* D und T M I, 98, 1 v. u., II, 52 Tod — zd. *mereθyu*, skr. *mrtyu* Tod,
b) *malan* D, *mälin* T, *malin* Ss 42, 1, *mäljn* T M I, 56, 21, II, 46, sterben — zd. *mereyçite*, skr. *mriyate* stirbt,
c) *märan* D, *marja* T, *marin* Ss 41, 2, *márun* D M I, 98, 8, *márju* T M I, 22, 19, II, 49 morden, tödten — skr. *marayati* tödtet,
d) *mard* D, T, Ss 32, 1, M I, 100, 3 todt, *amardjsti* sie sind gestorben Matth. II, 20, *märdti* die Todten (acc. pl.) Matth. 8, 22 — zd. *mereta*, skr. *mrta* gestorben, todt,
e) *marg* D, T, Ss 35, 2, M I, 98, 7 v. u., II, 50 Gift, gen. *marji* des Giftes M I, 62, 6 v. u. — zd. *mahrka* Tod, np. *marg* Tod.

179) *marγ* D, T, Ss 34, 1, M II, 50 Vogel, zd. *merega*, np. *marγ*, skr. *mrga* Vogel.

180) *märzju* M II, 46 fegen, perf. *märsta* sie fegte M I, 40, 17, *marstäi* (abl.) gefegt Matth. 12, 44, zd. *marezuiti* fegt, skr. *marṣti* wischt ab.
Dazu *Käl-märzän* Tuch M I, 48, 2 v. u., Sch 32, 26 (*Käl* = skr. *kara* Hand? M III, 12) wie np. *dast-mal* — Hand-wisch.

181) *mast* D, *mäst* T, *mast* D M I, 102, 16, *mäst* M II, 88 Galle, Zorn, *mast* Ss 38, 2 bitter, Matth. 27, 34 Galle, *smästi* er wurde zornig Matth. 22, 7.
np. *mast* berauscht, brünstig, zd. *mada* Rauschtrank, skr. *matta* trunken, brünstig, *mada* Heiterkeit, Aufgeregtheit, Rausch, Brunst — ?
Nicht sicher wegen der Bedeutungsdifferenz.

182) *mälja* Heuschrecke,
parsi *matah*, np. *madax*, zd. *madaxa* u. s. w. M III, 35, KZ 27, 103 — ?

Miller hält das Wort für entlehnt, es sollte dann aber etwa *mäläi* lauten — denn aus dem Parsi kann es doch nicht entlehnt sein. Als Originalwort sollte man freilich *mädär* im Ossetischen für zd. *madara* erwarten. Wo findet sich übrigens das Wort? Im neuen Testament, wo es vorkommen sollte (z. B. Matth. 5, 4) finde ich statt seiner das griech. Fremdwort: *akridiſä = ἀκρίδες*.

183) *max* D. T. M II, 145 wir, uns,
altp. *amaxam*, zd. *ahmakem*, skr. *asmakam* unser.

184) *mezun* D, *mizịn* T, *mizịn* Ss 33, 2, *mizịn* T M II, 82 harnen, perf. 3 p. *fä-mistä* M I, 28, 1 v. u. er harnte,
zd. *maezaiti*, skr. *mēhati* harnt.

185) *miɛ̇ịa* D, *mīg* T, *mig* Ss 30, 2, *mēgä* D, *mig* T M II, 32 Nebel, Wolke,
zd. *maegha*, skr. *mēgha* Wolke.

186) *miedeg* D, *midäg* T innere, innerlich, *mēdäg* D, *mīdäg* T M II, 32, *midägä* D M I, 100, 28; in. *bändäni midäg* in den Strick M I, 86, 4, *ixsi midäg* im Eise M I, 32, 21, *küsi midäg* in die Tasse M I, 58, 2, *gä midäg* in ihn M I, 64, 25, *midämä* hinein Sch 38, 13; 74, 8, *midägä* inwendig Matth. 7, 15, von Innen Sch 69, 11, *midägkäi* D (waren) in der Mitte M I, 92, 19,
zd. *maidya*, skr. *madhya* Mitte.

Dazu *gä mid-zärdäi* bei sich Matth. 9, 21, *fämīdäịe* er trat ein M I, 68, 15.

187) *miex* D, *mīx* T, *mix* Ss 35, 1; M II, 33; *mix* D, *mīx* T Pfahl; Matth. 26, 47: *mix-t-imä gırrä Sitew*,
np. *mēx* Pfahl, vgl. skr. *mayukha* Pflock.
Nach M II, 74 entlehnt, vgl. udisch *mix*.

188) *mizd* D, Ss 37, 2, *mịzd* T, M I, 28, 19, II, 55 Bezahlung, Vergeltung, Lohn, Belohnung,
zd. *mīzda* Lohn, skr. *mīdha*.

189) *miste* D, *mist* T, Sch 62, 5, *mist* Ss 34, 1 Maus; M I, 90, 7: pl. *mistitä* die Mäuse (Dial. v. Kammt).

np. *māš*, pärsi, bałnći *mašk*, skr. *mūš*, *mūṣika* Ratte, Maus.

Vgl. den Personennamen *mįstiqus* Sch 99, 6: Mäuseohr. — Wegen des *st* vgl. *fustāģe* Nr. 280.

190) *mon* Geist = zd. *mainyu* erschliesst Miller III, 35 aus *däli-mon* unterirdischer Geist, *cäli-mon* himmlischer Geist.

191) *muljuģ* D, *mäljiģ* T. M II, 79 Ameise, zd. *maoiri*, arm. *mrjiun*, gr. *μύρμηξ*.

192) *mut* D, *mįd* T, *mid* Ss 36, 2; M I, 96, 6; *m u d* D, 94, 22; *mud-i* gen., *mid* T M II, 53 Honig, Meth. zd. *madu* Honig, skr. *madhu* süsser Trank, Honig.

n

193) *nu* D, *nä* T unser, M II, 145: *nä* unser, uns, zd. *no*, skr. *nas* uns.

194) *nawagei* D von neuem, *newag*, *newak* D neu, *noog* T neu, *novag* jung Ss 38, 4, *närägäi* D von neuem M I, 96, 7, *näräy* D neu M II, 34, 104; *u e o y* T neu M I, 36, 17, II, 34; *nog* dt. M II, 34 und 63, *nåji* T von neuem M I, 18, 16, Matth. 20, 5.

zd. skr. *nava* neu.

195) *nawr* D, *neur* T, *naur* Ss 33, 2 Ader.

zd. *snavare* Sehne, skr. *snāvan* Band, Sehne, gr. *νεῦρον*.

196) *nain* T baden M II, 19, *nayin* Sch 97, 29, *ej--nāin* T waschen KB 8, 56, *ej-nädta* er wusch Sch 45, 6, *nagän* Teich Joh. 5, 4.

zd. *snayeitē* wäscht sich, skr. *snā* sich baden.

Vgl. *axsunn* D, *axsjun* T waschen, ptc. *axsmadt* D, *axsad* T, KB 8, 60.

197) *nale* D, *nal* T, Ss 34, 2, *näl* Sch 31, 18, M II, 47

Männchen von Thieren, *nälfis* männliches Schaf M I, 82, 5, *näl eü* Eber M I, 104, 14,

zd. *nar* (*nara*), skr. *nar* Mann.

Das Weibchen heisst *sil*.

198) *näm* D, *näm* T Ruf, Ansehen, *nōm* D, *nom* T Name, *nom* Name Ss 32, 2, *nom*, *nom* D, *nom* T Name M II, 83, *nom* T M I, 72, 19, *non* D M I, 114, 9.

zd. *naman*, skr. *naman* Name.

199) *narey*, *narek* D, *naräg* T, Matth. 7, 14, *naray* schmal (von Taille) Ss 30, 1; M II, 104; *naräg* schmal,

afgh. *narai* thin, slender, narrow, vgl. arm. *nēz*, eng.

200) *naffä* D M II, 83 Nabel.

np. *näf*, skr. *nabhi* Nabel. Vgl. zd. *nabanazdišta* und *nafya* Verwandtschaft.

201) *nä* D, *nä* T, bei Miller *nä* nicht, *nämä* noch nicht Matth. 24, 6,

skr. *na* nicht,

in Zusammensetzung mit Pron. *ni-* D, *ni-* T, bei Miller *ne-* D, *ni-* T.

zd. *nōit*, altp. *naiy* (aus *na-id*).

z. B. *niçi* D, *niçi* T, bei Miller: *nēči* D M I, 92, 4, *niçi* T M I, 24, 2 nichts, zd. *naečit* nichts, *neki* D M I, 92, 15, *niçi* T M I, 22, 18 Niemand, *niku* T niemals M I, 16, 8, *nekäd* D nie M I, 98, 7.

202) *ni-* D, *ni-* T nieder.

zd. skr. *ni-* nieder.

Vgl. *ni-passau* D, *ni-fissin* T niederschreiben, *ni-xiss-jistöm* wir werden einschlafen M I, 14, 6, *ni-gunin* T begraben M II, 67 und 217, Nr. 7. — Dazu *nillay* D, *nillig* T, *nilay* Ss 30, 1 niedrig, Comp. *nillögdär* Sch 33, 44 niedriger.

203) *ni-gunin* T begraben Matth. 8, 22, M II, 67, 217, *ba-ni-Egünof* bestattet! Sch 50, 7, *hinigänuf* bestattet! M I, 26, 5, *ni-Egäud* Keller Sch 44, 16; 45, 5,

zd. *nikañta* eingegraben.

Daraus ist ein *känjn T graben = np. kan-don graben zu entnehmen. Hierher auch ingûn Grab M I, 22, 26, M II, 56, letzte Zeile? — Die Wurzel stellt sich zu zd. kan, np. kandan im Unterschied von skr. khan, pärsi xandan, dessen pte. xad (= *khyta) lautet, entsprechend dem osset. nygäd (M II, 182) von nygänjn.

204) nostä, uvostä (als singular!) D M II, 122-123 Schwiegertochter.

skr. snuša — ??

Schiefner (Osset. Texte p. 19, Nr. 69) erschliesst ans, das vom Thusch (Schiefner, Versuch p. 141: ans), Lazischen und Awarischen (ans Schwiegertochter, Schiefner, Bericht über Uslar's Awarische Studien 148) entlehnt worden sei.? Vgl. auch osset. jninus Schwägerin, Sch 10, Nr 68. — Das gewöhnliche Wort für Schwiegertochter ist êjnj.

205) noudes D, nudäs T; M II, 160: nändäs D, nudäs T neunzehn.

zd. navadasa der neunzehnte, skr. navadaçan neunzehn.

206) ûnäzan D, urazjn T; M II, 178: niruzan D, urazjn T trinken, ânoste D, nost T Schluck, Zug. ba-nuzat' ihr könntet trinken Sch 71, 14.

np. nôš-īdan trinken — ?

Schwerlich richtig, da nicht zu sehen, wie niroz zu pers. noš werden kann.

207) nur D, njr T, M I, 16, 5, nir, cnir Ss 31, 2 nun, jetzt, njri ong bis jetzt Matth. 11, 12.

zd. nûrem jetzt, vgl. skr. nûnam jetzt.

208) njx T, nix Ss 33, 2; M II, 54: nix D, njx T Nagel, pl. njxtä M I, 64, 12, Sch 73, 13 Klauen, Krallen.

np. naxun unguis, skr. nakha Nagel am Finger oder an der Zehe.

njx bedeutet auch Stirn, Sch 31, Nr. 20.

r

209) *rad* Ordnung, Reihe (Sjögren), *rad* Reihe M I, 16, 19, Ordnung Luc. 1, 5, *radugäi* D der Reihe nach M I, 98, 20.

altp. *radiy* wegen, skr. *radh* gerathen, sich passend fügen, den Zweck erreichen, ksl. *radi* wegen, *χάρις*, *radü χαρίας*, *raditi* curam gerere, d. *rathen* —?

Die Worte stimmen lautlich ebenso überein, wie sie sich in der Bedeutung nicht genügend decken.

210) *razei* von vorne, voraus, *razma* D, *razmä* T vorne, voraus, vorwärts, vor, *razü* T vorne, voraus, vorwärts, vor (Sjögren); *razäi* von vorn M I, 20, 21, vorher, zuerst M I, 34, 2 v. u., *yä razäi* vor ihm Sch 80, 8; *yä razmä* vor ihm M I, 30, 29, *Mukkärai razmä* vor den Mukkara M I, 34, 2, *Xcäri razj* vor Gott M I, 52, 28, *Uriznäji razi* vor Uriznäg Sch 74, 13—14, *ras-där* vorher Matth. 15, 8.

zd. *fraš*, *fraša* vorwärts, skr. *prāñc*, *prāc* vorwärts gewandt, *prāk* vorn, voran, vorher, früher, vor, *prācya* im Osten befindlich.

211) *räün* bellen M II, 88, *räin* das Bellen M I, 48, 2, *räyincä* D sie bellen M I, 112, 8.

skr. *ru* (*ruyati*) bellen, ksl. *lajati* (1. pr. *laju*) latrare.

212) *rast* D, T, Ss 30, 1, *rast* M II, 49 gerade, eben, recht, richtig, treu, redlich, *rästjtä* die Gerechten Matth. 25, 37, *s-rast-i Izzaaoiti*, Matth. 11, 19.

altp. *rasta* gerade, richtig, skr. *raddha* fertig, glücklich.

'rechts' ist *raus* D, *ravis* T.

213) [*reu* D, *reu* T, M II, 32, Sch 74, 10—11 Bart, zd. *raeša*, np. *reš* Bart — ?

Die Zusammenstellung ist alt, aber kaum richtig, da osset. *r* sonst nie = iran. *š* ist.

Ebenso ist umgekehrt osset. *s* nie = iran. *r*, also auch die Zusammenstellung von *rus* Ss 33, 1 Wange mit np. *rux* Wange nicht zulässig.]

214) *raxs* D, *raxs* T, Ss 35, 2; M II, 33: *raxs* D, *raxs* T, M I, 60, 12; 102, 22 Licht, leuchtend, *rūxsāy* T hell, licht M I, 20, 20, *rājiny* T M II, 79 Fenster,
zd. *raoxsna* glänzend, np. *ruxšidan* glänzen, skr. *rakṣa* glänzend, zd. *raočana* Fenster.

215) *rubas* und *ruwas* (Sjögren); M II, 35: *robas* D, *rūbas* T, *rūbis* M I, 82, 1, *rūwas* M II, 85, *ruros* Sch 64, 5 Fuchs, *rūwästän* den Füchsen Matth. 8, 20,
np. *rōbāh* Fuchs, skr. *lopāça* Fuchs, Schakal.

s

216) *s* (*is*) Praefix, z. B. in *s-istadi* er stand auf Matth. 2, 14, *isbidta* er flocht M I, 86, 21 = *sbidta* M I, 86, 19, 20, zd. *us* (*uz*) hinauf, empor. Vgl. M II, 217.

217) *saγe* D, *sāy* T, Sch 8, Nr. 40, *saγ* Ss 34, 1; M II, 72: *sāγä* D, *sāγ* T Ziege, *sāγtäi ἀπὸ τῶν ἐρίφων* Matth. 25, 32,
skr. *čhāga* Bock, fem. Ziege, ksl. *koza* Ziege.
Zu unterscheiden von *säg* Hirsch, *sägut* Hirschkuh Sch 81, 9.

218) *sade*, *säde* D, *sädä* M II, 160, 1, 70, 3—2 v. u., 76, 15 hundert,
zd. *sata*, skr. *çata* hundert.

219) *salui* D, *säljä* T es gefriert, *nissäldistjä* sie froren ein Sch 67, 3, *sald* T Kälte, Frost, M II, 50: gefroren,
zd. *sareta* kalt, skr. *çiçira* Kälte, kalt, lit. *szálta-s* kalt.
Dazu *wa-sal-Kanan* D frieren, *wazal* Ss 38, 2 kalt, *ma mä razál Kä* M I, 18, 19: lass mich nicht kalt werden, *razál End Kämä* um sich zu kühlen M I, 22, 2, *nurazál i* wurde kalt M I, 32, 2 v. u., *vazal doni* kalten Wassers Matth. 10, 42.

220) *sar, sär* (Sjögren), *sar* Ss 32, 2, *sär* Haupt, Kopf M II, 47, Matth. 8, 20, obere Theil M I, 14, 24, Kopf M I, 32, 3, 5, 6, 11, 16, 18, 19 etc., Deckel M I, 68, 3,
zd. *saraňh*, skr. *çiras* Kopf.

221) *sattaṅ* D, *sáttɢṅ* T, *satiṅ* Ss 10, 2, *sᴜ̈ttɢa* M II, 17, *sᴜ̈ttɢa* M I, 32, 22, 23 brechen, bersten, perf. *asastɩstɩ* sie zerbrachen (intr.), *básastäi* D M I, 102, 3 ist zerbrochen, *asasta* er brach Matth. 15, 36,

zd. *scindayeiti* zerbricht, *skanda* Bruch, Schlag. Osset. *sädt* aus *sänt* oder *sänd*, cf. *battɩn*. Vgl. ZDMG 38, 6.

222) *saṅ* D, T, *sar* Ss 39, 1, *saṅ* M I, 44, 1; 98, 4 v. u., M II, 49, Seh 80, 12 schwarz,

zd. *syava* schwarz, skr. *çyāva* schwarzbraun.

223) *sᴜ̈rdɢ* D, *sᴜ̈rdäi* D M I, 94, 15, *sᴜ̈rd* T Seh 30, 5, *sard* Ss 31, 2 Sommer,

zd. *sareda* Jahr, skr. *çarad* Herbst, Jahr.

224) *säftäg* M II, 86 Huf,

zd. *safa*, skr. *çapha* Huf.

Was aber ist *täg* in *säftäg*? Nach M III, 30 ist „*säf* Klaue" = zd. *safa*, nach M III, 42 ist -*täg* in „*säftäg* Klaue" ein Suffix.

225) *smax*, D *snmax* M II, 147 ihr, euch,

zd. *yašmakem*, gd. *xšmakem*, skr. *yušmakam* euer.

226) *söjuṅ* D, *söjin* T, M II 33, *sujin* Ss 10, 1 brennen, *sujin* Seh 44, 10 ich verbrenne (trans.), *básndçiṅä* du wirst verbrennen (intr.) M I, 18, 6; 28, 18, *básistäi* ich bin verbrannt M I, 28, 21, *básiyde* ist verbrannt M I, 18, 11, *suj* Ss 37, 2 Feuersbrunst, *soy* D M I, 100, 23 Brennholz,

zd. *saoćaṅt* brennend, *saokaṅant* glänzend, *atarəsaoka* Feuerbrand, skr. *çōćati* flammt, glüht, brennt, *çoka* Gluth, Flamme.

Vgl. *sarx* und *suzzäriṅä*.

227) *staṅd* D, T (Sjögren 490), *staṅ* Ss 38, 1, *staṅd* M I, 60, 12 stark, *sistaṅd* *rat* ihr wollt stark werden M I, 60, 26,

zd. *staṅra* fest, skr. *stabh* feststellen, stützen, *stabhita* gestützt, *stabdha* steif, starr, aufgeblasen -?

Bedeutungsunterschied!

228) *stag* Ss 33, 2, *stäg* T M II, 76, M I, 18, 2, *ästäg* M I, 104, 20, pl. *stjitä* M I, 18, 11; 28, 23 Knochen, *stjitäi* von Knochen Matth. 23, 27,
    zd. *ast*, skr. *asthan, asthi* Knochen.
    Dazu *stägdär* M I, 62, 3 Skelett.

229) *staln* D, *stäle* T Stern (Sjögren, Osset. Stud. 593), *stal* Ss 30, 2, *stalji* des Sternes Matth. 2, 7, *stalj* M II, 81 (mit *t*, cf. Druckfehlerverzeichniss und p. 141 flg.). pl. *staljtä* Sch 30, Nr. 4; 94, 3, Matth. 24, 29 Sterne.
    skr. zd. *star*, np. *sitära* Stern.
    Woher kommt das *t* für *l* (bei Miller)? In Miller's Texten habe ich das Wort nicht gefunden.

230) *staun* D, T, *stawin* Ss 40, 2, *staun* M II, 76 loben, rühmen, *stud* D, *stid* T Lob, Ruhm.
    zd. *staomi*, skr. *staumi* lobe, preise, zd. *stäiti*, skr. *stuti* Lob.

231) *stag* Locke, Büschel Haare M II, 81, *stagkin* D gelockt M I, 114, 2—3,
    skr. *stukä* Zotte.

232) *stur* D, *stir* T, *istir* Ss 38, 1, *stur* D M I, 92, 6, *stir* M II, 58 gross, stark, Comp. *stürdär* grösser D M I, 100, 21, *stildär* T M I, 16, 13 v. u., Matth. 6, 25 mehr, *stirdär* Luc. 7, 28 grösser,
    baluči *istūr* coarse, thik (Dames 41), skr. *sthūra* dick, breit, *sthūla* grob, dick, gross, feist.

233) *sturtä* T, Ss 33, 2: *stur* (aber bei Klaproth 207: *stúrtha*) Vieh,
    zd. *staora* Zugthier, got. *stiur*.

234) *sizzarine* D, *sjzzarin* T, *sizzärin* Matth. 2, 11, *sizzarin* Ss 35, 2 *suzzärinä* D M I, 100, 4 v. u., M II, 47 und 109, *sizzärin* T M I, 34, 16; 66, 28 Gold, golden.
    aus *suz* für *suzd = zd. *suxta* und *zärinä* = zd. *zaranya*, skr. *hiranya* Gold.
    Dieses erschlossene *suzd* liegt vielleicht in *suzdäg* D, *sizdäg* T (M II, 57) rein, heilig (vgl. Nr. 226) noch vor, wonach *suzzärinä* 'reines Gold' bedeuten würde.

235) *sant* D, *sint* T (Sjögren), Sch 81, 13, *sint* Ss 34, 2 Rabe.
waxt *šünd* a raven (Shaw 243), Tomaschek, Pamir Dial. 39 — ?

236) *sûrx* D, *sirə* T, M II, 57, I, 28, 9, Matth. 16, 2, *sirx* Ss 38, 4 roth, schön.
zd. *saxra* roth, skr. *çukra* klar, licht, hell.

237) *syd* Hunger M II, 81, *sidüi* vor Hunger M I, 56, 19, II, 57, *sidei* Hunger Ss 37, 2 (abl.).
zd. *sada* Hunger, skr. *kšudh*, *kšudhā* Hunger.

238) *sijö* D, *sij* T anus, Sch 102, 17 (After des Pferdes), 103, 2, 3, M I, 82, 5 v. u. (Hintertheil des Wagens). *sij* Gesäss Ss 35, 1.
skr. *sphićau*, *sphijau* Hinterbacken, Hüfte, ved. *sphigi*.
Nach M III, 35.

š D = s T.

239) *šiste* D, *sist* T, Sch 61, 8, *sjsť* M I, 78, 12, *šistö* D M II, 38 Laus, *sistö* D M I, 112, 15 Läuse, *sistjü* T Sch 30, 9 Läuse.
zd. *spiš* — ?
Wegen des *tε*, *t* vgl. *miste* Maus. Wo aber ist *p* geblieben?

t

240) *tatna* D, *dättja* T, *datin* Ss 40, 1, *dädťän* D M I, 98, 19, *däťťja* T M I 20, 4 geben.
zd. Präsensstamm *daðə*, *daδ*, *daδ*, skr. *dadə*, *dad* geben.

t

241) *toyd* D, T, Ss 39, 2, M I, 20, 5 v. u., Matth. 24, 18 schnell, eilig, schleunig, bald, *roi-toyd* sofort Sch 74, 9

Comp. *taxtär; tajin* Ss fliessen, *täjin* T M II, 76 tropfen, träufeln, *täjdis* T es floss M I, 28, 1. *tä;däi* D er floss M I, 96, 6. *tajinag* Ss 29, 2 Tropfen,

zd. *tač* laufen, fliessen, *čtačina* auflösend, np. *taxtan* laufen, skr. *takta* schiessend, *tak* schiessen, stürzen, bes. vom Flug des Vogels.

Dazu auch *taxin* Ss 41, 1 fliegen, s-*täxtí* M I, 44, 1 er flog auf, *ä-taxtistį* M I, 36, 10 sie flogen heraus, *täxtä* D M I, 94, 12 flieget! —?

242) *tajun* D, *tain* T. M II, 33 thauen, aufthauen, schmelzen, *tainkäni* T er macht schmelzen Sch 80, 10. *s-tawd-kanin* Ss 40, 2 schmelzen, vgl. *täwdäi* D M I, 96, 5 geschmolzen,

ags. *thawan*, engl. *thaw*, d. *thauen* (= zu schmelzen anfangen); ksl. *tajali* (präs. *taja*) τήκεσθα.

Kluge, Etym. Wört. d. deutsch. Spr. sucht die germanischen Wörter mit gr. τήκω zusammenzubringen.

243) *taliñe* D, *taliñ* T, *talińy* Sch 31, Nr. 23. *taliń* Ss 39, 1; M II, 32: *talińyä* D, *taliny* T Finsterniss, finster; M I, 88, 5: *talińji* im Dunkeln, *bi-talinj-i-s* es wurde dunkel M I, 14, 5,

zd. *tąθra* finster, skr. *tamisra* Dunkel —??

Vgl. *tar* dicht (vom Wald), dann: düster (vom Wald), Sch 30, Nr. 9, Ss 39, 1, M II, 51: np. *tar* finster —?

244) *tarsun* D. *tarsin* T. *tarsin* Ss 39, 2, *tärsin* T M I, 38, 21, II, 46 sich fürchten, *tärstän* ich fürchtete mich M I 56, 24. *tas* T Furcht, Sch 7, Nr. 19, *fätarstistį stįr tasäi* sie erschracken sehr Marc. 4, 41.

zd. *teresaiti* fürchtet sich, zittert, skr. *trasati* zittert, *trasa* Schreck, Angst.

245) *tarun* D, *tarin, tärin* T. *tarin* Ss 42, 1, *tärin* T M I, 58, 3 v. u., M II, 48 treiben, jagen, entfernen, *ra-tarta* er trieb fort Sch 82, 2. *fä-tardäu* ist vertrieben Sch 82, 4. *atarin* wegtreiben Sch 82, 6, *fätärin* forttreiben Sch 84, 2.

altp. *viy-a-tarayama* wir überschritten, skr. *tirati* geht hinüber, *tarayati* führt hinüber.

Dazu *bästarän girs* Pferdepeitsche M I, 40, 13.

246) *tärja* Knabe M II, 57, Matth. 12, 18.
zd. *tauruna* jung, skr. *taruṇa* jung, zart.

247) *taft* Ss 35, 2 Hitze, *ländniz* Fieber (niz = Krankheit) Matth. 8, 15, *täf* T M I, 24, 1 v. u. (*darä*). 62, 6 v. u. (*zapirä*), Seh 80, 9 (*parä*) Gluth, Dampf (heisser Athem), *tawjn* M II, 87 wärmen, *tawed* erhitzt Seh 49, 9. *gäri tafdta* er wärmte sich Marc. 14, 54, *gäri tawgä* sich wärmend Marc. 14, 67.

np. *taft* calor, aestus, als Lehnwort im Armenischen *tautʻ* Hitze, skr. *tapta* erhitzt, glühend, heiss, *taptá* ntr. Gl:th RV I, 118, 7, *tapas* Wärme, Hitze, Gluth, zd. *tapayçiti* er brennt (mich), skr. *tap* erwärmen, erhitzen.

Vgl. *äntʻäf* Hitze Nr. 23. Hierzu *cafsun* D brennen — zd. *tafs* heiss werden, np. *tafsūdan* heiss werden? Bei M III, 20 wird *tafsin* Hitze empfinden' aufgeführt.

248) *tänäy* D, T, *tänäy* M II, 101 dünn, fein.
np. *tanuk* dünn, fein, skr. *tanu* (tanuka) dünn, fein, ksl. *tĭnĭkŭ*.

249) *tinjju* T. *itinjun* D ausdehnen, *ij-tinjju* T, *gestinjun* D anspannen M II, 54, *s-if-tixta* er spannte ein Seh 16, 13, *tu ditinjai* wenn du (ihn) spannen (ausdehnen) wirst M I, 66, 24.

zd. *θ anjayçiti* spannt sich an, zieht, ksl. *tęgnąti* trahere, tendere, russ. *tjanutĭ, tjagitĕ* dehnen, ausdehnen, in die Länge ziehen.

Vgl. *juaril baitinjju* T kreuzigen — auf das Kreuz spannen Matth. 27, 26.

250) *tiʒ* Bergrücken (dig. *tʻiʒä*) M I, 84, 13.
np. *tez* altitudo, vertex montis.

251) *tu* Speichel, *tugä* aus dem Speichel Joh. 9, 6, vgl. Klaproth, A. P.², 95, 2, Reise 224, 2, Ss 42, 2.

np. *tuf, tuh*, kurd. *tef* Speichel Z D M G 38, 58, *tiu, tuu, tu, tak*, afgh. *tu, tak* Spucken, Speichel, afgh. *tukal*, waxi *tuf cerak*, sariqoli *tö črigan* spucken, arm. *tukʻ* Speichel, gr. *πτύω*, lat. *spuo*, skr. *ṣṭhiv*.

Aehnlich aber auch unverwandte Sprachen: thusch *tui* Speichel, Schiefner, Versuch 134, awarisch *tüi-ze* speien, Schiefner, Bericht 138, tchetschenzisch *tui* Speichel, Schiefner, Stud. 60. — Schallwort? Vgl. ossetisch *pa* Kuss M II, 84, *pa-känin* küssen Sch 103, 2, *apa-känon* ich werde küssen Matth. 26, 48 neben thusch *pai* (Schiefner, Versuch 142), kasikumük, „*pai*" (Schiefner 120) Kuss.

t˘

252) *ti* T wer, welcher, bei Schiefner (vgl. 76, 2) *çi*, bei Miller: *çi* II, 154, im Dialect von Kamunt *çe* M I, 88, 8 und *ki* M I, 86, 11,

zd. *kaya*, gr. ποιος — ?

Im Digorischen wird *ka* = zd. *ka* (siehe Nr. 149) gebraucht.

uo D = o T

253) *uol* D, *ol* T das Obere, als postp. auf (Sjögren); *val* oben, *valdär* überdies Ss 26, *wala* oben Ss 30, 1, *gä uälä* auf ihm Sch 71, 8—9, *ädämi uälä* über die Menschen Sch 71, 12. bei Miller: *välä* Postp. auf, über; *sä val-* D auf ihnen M I, 110, 31; *val* mehr M I, 62, 2. *väldär valg* Luc. 6, 40, *väldai armosov* Matth. 5, 47; 6, 7; *uolämä* D, *olämä* T, *walama* Ss 26 nach oben, hinauf, *välämä* T Sch 77, 12 hinauf, *välämä* D, T M I, 96, 5; 100, 2 v. u.; 28, 2 v. u. oben, hinauf, auf; *uolei* D, *olei* T von oben her, *vällä* oberhalb M I 90, 20, *walal* oberhalb Ss 26, *gä väläla* von oben her M I, 82, 2 u. 10, *walag* obere Ss 30, *välläg* obere M I, 112, 28, *väligä* von oben Sch 73, 12, *fä-väleyä i* kam nach oben M I, 32, 20,

zd. *upairi* über, *upara* obere.

In Compos. *väl-ärwäi* vom Himmel M I, 22, 1; 64, 11 u. s. w., *väl-ärwemä* in den Himmel M I, 64, 13 (Gegensatz: *däl-zäx-mä* auf die Erde), *väl-ärwi* im Himmel M I, 26, 16, *väl-säjar-il* auf die Zinne Matth. 4, 5, *väl-säjärdti* auf den Dächern Matth. 10, 27.

254) *on* Schulter, *dwä onj ärsän* zwischen den beiden Schultern M I, 16, 9, *dwä onj äslän* M I, 16, 11 zwischen die

Schultern, *fäs-on-t-äm* in die Schultern (hinten) M I, 16, 8, *fäsö..* die Schultern (hinten) M I, 16, 12 (über *fäs* vgl. *fästä* Nr. 280).

skr. *ása* — ??

Aus *asa* müsste im Zend *aōha* werden, und da *h* im Ossetischen wegfallen muss, glaubte ich ossetisch *ou* mit jenem *aōha* identificiren zu können. Doch ist die Zusammenstellung wohl sicher falsch, da *ou* aus *rön* entstanden zu sein scheint, vgl. Sch 47, 14—15: *rönlä qabir* (die Schultern gekrümmt) mit gekrümmten Schultern.

255) *uors*, *ors* D, *urs* T, Ss 38, 1, Sch 85, 3; M II, 33; *ors* D, *urs* T; *cors* D M I, 94, 6, *ärs* T M I, 72, 27 weiss.

zd. *auruša* weiss, skr. *aruša* feuerfarben — ?

Dieser Zusammenstellung treten lautliche Bedenken entgegen, vgl. Lautlehre § 14, Schluss.

256) *ortä* D, *ortä*, *aartä* T, *rortä* D M II, 105, *cärtä* M I, 76, 5 dort.

zd. *avaṭra* dort.

Von demselben Pronomen *ara* kommt: *cordämä* D dorthin (vgl. Nr. 33), *cömi*, *ömi* D, *ām* T dort (Nr. 16), *ai* T er, gen. *ai* T, *coi* D = zd. *avaṅhē* etc.

257) *od*, *nod* T = *uodt* D dann, *nodei* seit der Zeit, seitdem, *räd* T darauf, dann, so M I, 14, 3 v. u., Matth. 17, 13, *rädäi ṅyrmä* T von da bis jetzt Sch 86, 12, *rädäi* D seitdem M I, 100, 3, *rädtä* D darauf M I, 100, 24.

zd. *arada* da, dort.

Vgl. M I, 18, 13: *käd — räd*, *kän nö — rädä* wenn — dann, wenn nicht — dann.

258) *uordon*, *ordon* (Sjögren), *rärdou* M I, 82, 4 v. u., 84, 8 v. u., *cärdän* D M I, 92, 18 Wagen.

np. *gardān* Wagen (kurd. *gerdōn* entlehnt), skr. *vartani* Radkreis, Radfelge.

Vgl. tschetschenzisch *...* Wagen, Schiefner, Tschetschenz. Stud. 70, abchasisch *...* Wagen, Schiefner, Bericht 44, inguschisch *warda* Klaproth, A. P. 96.

259) *nofē* D so. „eig. auf jene Art, im Gegensatz zum T *arfē* auf diese Art", *nofei* D so, *nofiemei* D indessen, unterdessen = T *arfemei, rófä* so D M I 92, 12, *rofēmäi* dt. D M I, 92, 4; 100, 2, *ofēmäi* dt. I, 108, 8 v. u., *áfä* D so, auf diese Weise M I, 102, 16, vgl. *áffä* T so M I, 20, 10 v. u., Sch 72, 7, *áffēmäi* T so M I, 52, 4 v. u.,

vgl. zd. *aϑa, araϑa* so, auf diese Weise, *iϑa* so, *yaϑa* wie, skr. *atha, yathā* u. s. w.

Dig. *rofä* = zd. *(a)vaϑa*, tag. *affä* = zd. *ar(a)ϑa*?

260) *urdag* Ss 29, 1 aufsteigender Weg, *urdig* T in *urdistjitä* Sch 82, 11 Aufwärter = „aufrecht stehende" von *urdig* und *stäg* (ebenda 89, 14), *urdigistäg* „Anordner" M I, 74, 14, *urdig läun* dienen (aufrecht stehen) Joh. 12, 2.
skr. *ārdhra* aufwärts gehend, aufrecht.

261) *āring* Welle, skr. *ūrmí* — ?
Nach M III, 9.

262) *män urnii* ich glaube, *urnju* T M II, 89, *urnia* Ss 31, 2 (inf.) das Glauben. *vä urni* T ihr glaubt Sch 82, 15, *sä baurnidta* T sie glaubten Sch 82, 5, *mä baurnidta* ich bin überzeugt M I, 66, 3 v. u., *ma vä urnäd* (ipt.) glaubet es nicht Matth. 24, 23,

zd. altp. *var* glauben, ksl. *věra* Glaube, got. *tuz-vērjan* zweifeln.

263) *urōmun* D, *urōmin* T, *áromin* T M I, 20, 14, *āromin* M II, 51 und 218 zurückhalten, hemmen, beruhigen, *báuvädta* hielt zurück M I, 22, 29, *nä báuromjinä* du wirst es nicht aushalten M I, 28, 18.

zd. *rāmaȳciti* beruhigt, np. *áramādan* tranquillum esse, tranquillum reddere, skr. *ram* zum Stillstehen bringen, *ri-ram* einhalten, aufhören, abstehen von.

Dazu *uromag* mässig Ss 28, 2.

264) *urux* D M I, 110, 12, *orax* T, *varax* Ss 30, 1, *väräx* M II, 74, Sch 38, 11 geräumig, ausgedehnt, weit, breit.

zd. *ruaru*, skr. *uru* weit, geräumig, ausgedehnt —?

Bei dieser Zusammenstellung bleibt das ausl. *ə* im Ossetischen unerklärt. Auch will dig. *aru-* zu tag. *äräə*- lautlich nicht wohl stimmen.

265) *asqa* D, *ursk* T, *wars* Ss 33, 1 Achsel, »rechste« (d. i. *rasstä* plur.) Schulter, Klaproth, Reise 206, *cärskged* auf die Achseln Luc. 15, 5, pl. *cärsjitä* T die Schultern M I, 32, 20.

skr. *rakṣas* Brust, obere Theil des Leibes.

f

266) *fa-*, *fä-*, Präfix, z. B. in *fa-winun* D erblicken, *fa-kanun* D vollenden, *fa-läjun* D entfliehen, *fa-rassun* wegtragen, *fa-cəun* durchgehen, vorbeigehen (Sjögren).

zd. *paiti*. — *fä* = lat. po- (in po-situs) als Nullstufe von ἀπό, zd. *apa* nach Osthoff, Perf. 25, M II, 215. Doch will auch Miller neuerdings nach Korsch's Vorschlag osset. *fa* wieder = zd. *paiti* setzen, da nach *fa* (und *ni*) anlaut. Conson. verdoppelt werden: *fäkkäsju* von *fä* + *käsin*. (?)

267) *fad* D, *fäd* T, M I, 84, 16; II, 47; *fäd* T Spur. zd. *pada*, skr. *pada* Spur.

Ein *fad* 'Fuss' = zd. *pada*, skr. *pada* erschliesst Miller (It. 117) aus *bäjänwad-äi* = dig. *bäjänbad-äi* (abl.) barfuss (vgl. *bäjnäŋ* nackt)?

268) *fadun* (Sjögren p. 139: *fadan*) D spalten, zerhauen.

arm. *hat-anem* schneide ab.

269) *fazzäg*, *fazzök* D, T, *fazag* Ss 31, 2, *fäzzäg* M I, 129 Herbst.

pz. *padiz* Herbst — ??

Die Jahreszeiten sind nach M I, 129 folgende: *zimäg* Winter, *cag-caljäg* Vorfrühling, *caljäg* Frühling und erste Hälfte des Sommers, *fäzzäg* Sommer (vom Heuschlag bis zum Fallen der Blätter), *äräg-fäzzäg* Spätsommer oder Herbst (bis zum Schneefall). Sonst wird das Jahr noch eingetheilt in die warme Zeit: *särdä* D Sommer und die kalte Zeit: *zumäg* D, *zimäg* T Winter.

270) *fal* D M I, 94, 7 *fälä* T, *fälä* M I, 14, 20 aber, allein,

skr. *param* jedoch, allein.

271) *fa-liwrm* D betrügen, *faliwan* Ss 37, 2 Betrug, *fä-lēwrm* D, *fä-līwju* T betrügen, täuschen M II, 56, *fäliwäy* Versucher Seh 36, 14, *fälinj* verführt Joh. 7, 12.

np. *firēbam* betrüge, *firēb* (aus **fra-rēp-*) Betrug, skr. *rip* Betrug, Kniff, *ripu* Betrüger.

272) *fandag* D, Ss 29, 1, *fändäg* T, *fändäg* M I, 66, 23, II, 47 Weg, Strasse,

zd. *pañtan*, skr. *panthan* Weg.

Mit altp. *paϑim tyām rāstām* den geraden (rechten) Weg vgl. osset. *dä fändäg-rast* M I, 50, 20 = *dä fändäg rast* M I, 124, Nr. 61, *rast fändäg* M I, 52, 11, *fändarast* Seh 85, 8; 99, 8—9. (Der eine grüsst: glücklichen Weg!, der andere dankt: *dä qudtag rast* glückliches Geschäft! Seh 99, 8—9, anders M I, 82, 3 und 17: *bäiriai* sei gegrüsst (2. pl. *bäiriat*) — *dä qudtag rast*.)

273) *fänd* D Wunsch M I, 94, 18, *fänd* T Rath, Plan (σνμβούλιον), Wille Matth. 12, 14, Luc. 22, 42, *fändtä* Gedanken (ἐνϑυμήσεις) Matth. 12, 25, *fänd-skodtoi* sie hielten einen Rath Matth. 27, 1, sie beschlossen M I, 52, 6, *fänd bakänäm* wir wollen einen Vertrag machen M I, 82, 4.

np. *pand* Rath.

Vgl. *fändon* Wille, Wunsch, ϑέλημα Matth. 12, 50, Luc. 23, 20, *fändj nä* wir wünschen Matth. 12, 38. Dazu *amwänd* (Sjögren) Einräumen, Nachgeben.

274) *far* in

1) *far-ast, far-äst* neun = über acht (*ast* = acht), *farastäm* der neunte Matth. 20, 5, *farästäm* M II, 161.

skr. *paras* über hinaus, mehr als. Vgl. *fal-där* weiter M III, 30;

2) dig. *falwäre* (Sjögren) im vorvorigen Jahre, aus *far-färe* = vor-voriges Jahr (*färe* = voriges Jahr).

zd. *para* vor, skr. *para* vor; zd. *parō* vor, skr. *puras* vor

3) *fələmä* hinter (drei Thäler) M I, 44, 11, *fäliγa* nach hinten M I, 44, 13, *fəllaγ* gegenüberliegend Sch 103, 7.

skr. *para* entfernter, jenseitig, später, folgend — ?

275) *farat* D, Ss 36, 1, *färät* T, Luc. 3, 9, Sch 32, Nr. 32, *färät* T M II, 52 Axt, Beil.

skr. *paraçu* Axt, Beil.

276) *farwe* D, *färw* T, *förrä* D M I, 112, 13, 14, *färw* T M I, 102, 1 v. u., II, 86 Erle.

ahd. *fëlawa*, mhd. *velwe* Felber, Weide.

277) *färe* D, *faron* T, *färä* D, *faron* T M II, 50 im vorigen Jahre,

np. *pār* das vergangene Jahr, skr. *parut* im vergangenen Jahre.

278) *fars* D, T, Ss 33, 1, Matth. 8, 18, M I, 28, 11, II, 50, pl *färstä* M I, 16, 3 v. u. Seite, Strich, Gegend.

zd. *peresu* Rippe, Seite, skr. *parçu* Rippe, *parçva* Seite.

279) *farsun* D, *färsin* T, *farsin* Ss 37, 2, *färsin* D M I, 98, 7 fragen, *färsüm* wir fragen M I, 34, 12.

zd. *peresaiti*, skr. *pr̥ččhati* frägt.

280) *fastagæ* D, *fästäg* T, *fastag* Ss 30, 1 hinterer, nachher, zuletzt, am Ende, *fästägærdäg* T Hintertheil M I, 50, 2 v. u.; *fastuma* D, *fästəmä* T, Sch 78, 7, 83, 15, *fästəmä* D, T M I, 94, 9; 48, 14 zurück, hinten, hinter, nach, wieder, von neuem; *fästie, fästic* D, *fästie* T, *fästigä* Sch 71, 15 hinten, nach, *fästigä* M I, 20, 19 von hinten, *yä fästigä* hinter ihm her M I, 24, 22; *fästige* zurück, hinten M I, 42, 15; 74, 17, *fästä* T, *fasta* Ss 30, 1 nach, *fästi* T von hinten, D nachher, *äi fästä* T M I, 16, 3 und 12 darauf, *cäi fästi* D M I, 98, 7 v. u. darauf, *fästädär* später Sch 74, 9.

altp. *pasa* hinter, *pasava* nachher, zd. *pasča* nach, *paskāṭ* nachher, hinter, *pasnu* hinter, skr. *paçča* hinten, nachher, *paçčāt* von hinten, hernach.

Osset. *št* (genauer *sť*) aus *sč* = iran. *sč*

Hierher *fäs* aus *fäst*: *fäsfändagmä* hinter den Weg
M I, 54, 24, *fäsáxsäwär* nach dem Abendessen M I, 50, 27.
fäsónta Nr. 254, *fäsifäd* Sch 52, 23, *fässarę* (?) M I, 36, 1 v. u.

281) *fatan* D, *fätän* T, *fatan* Ss 30, 1 Breite, *fätän*
T M II, 47, breit M II, 108,
zd. *paϑana* weit, breit, np. *pahan* weit, breit.

282) *fiag* hölzerne Schaufel Ss 36, 1, *fjiag* Matth. 3, 12,
fiyäg M I, 90, 2,
waxı *pe̊i*, sariqoli *fe̊i* a shovel (Shaw 250) — ?
Tomaschek, Pamir Dial. 68. Vgl. kurd. *pich* hölzerne
Schaufel ZDMG 38, 57.

283) *jide* D, *fid* T. *fid* Ss 32, 1; M II, 35: *fidä* D,
fid T Vater: *o fidäl Abrame* o Vater Abraham Luc.
16, 24, pl. *fidalta* Ss 32, 1, *fidtälta* D M I, 100, 3 die Vor-
väter, *fidälti* T der Väter M I, 34, 11.
zd. skr. *pitar* Vater.

284) *fidt* D, *fid* T. *fid* Ss 32, 2; M II, 55: *fid* D,
fid T, M I, 50, 1 Fleisch,
zd. *pitu* Speise, skr. *pitu* Nahrung.

285) *fiug* Ss 29, 2; M II, 56: *finkä* D, *fink* T, Marc.
9, 18 Schaum,
skr. *phēna* Schaum, ksl. *pēna* Schaum, lat. *spuma*, d.
feim.

286) *finje* D, *finj* T, Sch 31, Nr. 21. *finj* Ss 33, 1;
M II, 78: *finj*, *fii* D, *fini* T Nase,
arm. *pinj* (*pinç*) Nasenloch.
Das osset. Wort würde im Np. *pinj*, im Altp. wohl
pinč- lauten. Das arm. Wort stammt vielleicht aus dem
Persischen, das es nun verloren hat. Beide sind von np.
kurd. *poz*, baluči *p̌āz* (Dames 58), afgh. *pizah, pazah* Nase
zu trennen. — Woher abchasisch „*pynç*" Nase (Schiefner,
Bericht 56)?

287) *finssun* D, *fissin* T, *fisin* Ss 40, 1 schreiben,
finst D, *fist* T geschrieben, Schrift, *nifista* Ss 36, 2 Schrift,

altp. *ui-pis* schreiben, pte. *nipišta*, skr. *piç* (*piçati*) schmücken.

288) *pršou* D Vieh (grössere vierfüssige Hausthiere), gr. πῶρις junges Rind, skr. *prthuka* Junges von Thieren — ? Stimmt lautlich nicht.

289) *ju* D, T, Ss 33, 2, *fju* Sch 8, 34; M II, 55: *jio* D, *fju* T Fett, Speck.

zd. *piraäh* Fett, kurd. *piu* Talg ZDMG 38, 57, skr. *piras* Fett, Speck.

290) [*jicay* D, *jicay* T, *jičay* Ss; M II, 161: *jičay* D, *jičay* T erste, zuerst, vorher,

zu np. *pēš* vor — ?]

Sehr fraglich.

291) *jiçun* D, *jiçju* T (Sjögren 509), *jičju* Ss 41, 2; M II, 54: *jičju* kochen; M I, 48, 1 v. u.: *sfixtoi* brieten, 82, 8: *sfixta* briet, Sch 74, 13: *ku sfixti* als er gekocht war, 93, 15: *afixta* sie kochte (Eier).

zd. skr. *pač* kochen — ?

Das pte. perf. lautet tag. *fixt*, dig. aber *funxt* oder *funx* M II, 184 — ? Die Lautverhältnisse sind bedenklich: man sollte lautgesetzlich für zd. *pač* : tag. *fäjju*, pte. *färt* erwarten. Vgl. dazu Lautlehre § 36, 4, 6. Wegen der Vocale vgl. p. 84.

292) *fouj*, Ss auch *fouj* fünf, T *fänjem*, *foujem*, M II, 161: *fänjöm* der fünfte, *findtes* D, *findtäs* T, M II, 160; *findtas* D, *findtäs* T fünfzehn.

zd. skr. *pañča* fünf, skr. *pañčama* fünfte, zd. *pañčadasa*, skr. *pañčadaça* fünfzehn.

293) *falder* D, *fildär* T, Matth. 10, 28, M II, 89, *jildar* Ss 39, 1 mehr, Comp. zu *fur*, *fir* (wie *sfildär* zu *sfir*, M II, 145), dass ich finder in *fir-ciuäi* aus grosser Freude Joh. 16, 21, *fir-curdai* von zu vielem Essen, *fir-miŝtai* aus grossem Zorn oder als sehr zorniger Sch 54, Nr. 31; 69, 14; M II, 54!, 118.

zd. *poura*, skr. *puru* viel.

294) *furt* D, *firt* T, ebenso M I, 72, 19; 108, 13; II, 57, *firt* Ss 32, 1 Sohn,
zd. *puϑra*, skr. *putra* Sohn.

295) *fuss* D, *fiss* T, *fis* Ss 34, 1 Schaf, vgl. M II, 53: *fus* D, *fis* T Schaf, ebenso M I, 48, 1 v. u.; M I, 30, 25: *nälfis* Hammel, Sch 74, 12; M I, 92, 19: *fús-tä* D, 56, 23: *fis-tä* T die Schafe,
zd. *pasu*, skr. *paçu* Vieh.

Davon zu unterscheiden Ss *fos* Heerde 34, 1, T *fos* — Vieh, Thier, Heerde, Besitz, Vermögen, Beute M I, 22, 23; 56, 23; 102, 3 v. u.; 58, 3, 4 v. u., 72, 24; Sch 36, 8; 90, Nr. 20, da die dig. Form *fons* lautet, vgl. M I, 96, 1 v. u.; II, 40.

X

296) *xalon* Krähe, sariqoli *xēru* a raven (Shaw 243)?

297) *xäräg* T M I, 28, 14, II, 47, *xaray* Ss 33, 2 Esel, pl. *xärjitä* T M I, 66, 21.
zd. *xara*, skr. *khara* Esel.

298) *xädäg* T, *xaadeg*, *xodeg*, *xoadek*, *xodek* D; M II, 33, 52: *xrädäg* D, *xädäg* T selber, *sä-xväftä* D M I, 100, 26 sie selbst (pl. *xudtä* T, *xrädtä* D M II, 152).
zd. *xwa*, skr. *swa* sein, zd. *xwatō*, skr. *sratas* von selbst.

Dazu *xi* — dig. *xē* selbst in den Pron. *maxī*, *maxē* etc., skr. *svayam*, zd. *xwaç-*, altp. *uvāi-* M II, 152.

299) *xäfä* D, *xäf* T Rotz, Schleim,
zd. *kafa* Schaum, np. *kaf*, skr. *kapha* Schleim — ?
Nach M III, 15. Woher aber das anlautende *x* und wie verhält sich *xäf* zu udisch *xuf*?

300) *xet* D, *xid* T; M II, 33, 56: *xēd* D, *xīd* T.
1) Brücke, *xed* D M I, 112, 6 v. u., *xid* T M I, 52, 7. zd. *harta*, skr. *sētu* Brücke;
2) Schweiss, Ss 33, 2 *xed*, np. *xwai*, skr. *svēda*.

Die Vermuthung, dass *xid* Brücke aus dem Georgischen (*xidi*) entlehnt sei (Klaproth 210), scheitert an der digorischen Form.

301) *xizji* sie steigt Sch 10, 64, *ärxizju* absteigen Sch 82, 10, *rā-xizai* M I, 16, 3 du willst herabsteigen, *s-xēzun* D hinaufsteigen M I, 94, 29, 11, 56,

np. *xēzad*, pārsī *axēzad* erhebt sich — ?

Ist falsch, wenn np. *z* aus älterem *ž* hervorgegangen ist.

302) *xode* D, *xud* T, Sch 33, Nr. 43; Ss 37, 1; M II, 33; *rodä* D, *xud* T Mütze, Hut, pl. dig. *xodtä* Hüte M I, 112, 15,

zd. *xaoda* Helm, altp. *xauda* Mütze, np. *xoi* Helm.

303) *xodun* D, *xudin* T, *xudin* Ss 41, 2; M II, 33: *xodun* D, *xudin* T, *xodgä* D lachend M I, 98, 13, *xudin* T lachen M I, 48, 19, *bá-xudtī* M I, 74, 22 er lachte auf,

skr. *svad* schmecken, Gefallen finden an, gr. ἥδομαι freue mich — ? Sehr unsicher.

np. *xand-īdan* 'lachen' stelle ich nicht hierher, da ihm das *w* fehlt.

304) *xayun*[1] D, *xuin* T, Ss 41, 2; M II, 33: *xuyūn* D, *xuīn* T nähen, vgl. *xuyäi* D sie näht M I, 108, 7 v. u., *bixudtä* sie nähte M I, 76, 13, *baxui* nähe! Sch 65, 11, *bá-xuyaī* 2. pl. conj. M I, 34, 14, *xud* befestigt M I, 106, 7 v. u.,

skr. *sīvyati* näht.

305) *xonun* D, *xänin* T nennen, heissen, rufen, einladen, *xunnun* D, *xuinin* T heissen, *xōnjnc* T sie nennen M I, 34, 16, *xonj* T er ladet ein Sch 72, 13, *är-bá-xudtu* er rief M I, 74, 1 v. u., *xuinjnc* sie heissen Sch 69, 6, *xuinj* wird genannt Matth. 26, 36, *çi xandi* welcher hiess Matth. 26, 14, *xundi* sie wurde genannt M I, 48, 6, *xundtä* berufen (κλητοί) nom. pl. Matth. 20, 16,

zd. *xvanat* klirrend (in *xvanat-čaxra*), np. *xvandan* rufen, skr. *svan* schallen.

306) *xor* D M I, 96, 5, *xur* T, Ss 30, 2; M II, 33; *xor* D, *xär* T, M I, 28, 28; 62, 1 v. u. Sonne.

zd. *hvare*, skr. *svar* Sonne.

[1] Dig. *xuyun* falsch für *xuyun* nach M II, 174 Anm.

Vgl. *xärskäsän* Sonnenaufgang, Osten, *xärnjguljn* Sonnenuntergang, Westen Matth. 8, 11, *xur-wars-jrdig-on* mittäglich Matth. 12, 42.

307) *xore* D, *xo* T, Ss 32, 1; *xvärä* D M I, 100, 27, acc. *xväri* 100, 25, *xo* T, M II, 52 Schwester, dat. *xóyän* M I, 38, 1, pl. *xotä* Matth. 13, 55,

zd. *x w a n h a r*, skr. *svasar* Schwester.

Tag. *xo* geht durch *xvä auf *xva-u = voross. *xvaha, zd. *xvanha*, skr. *svásä* (Nom.) zurück, während dig. *xvär-ä* auf den Stamm der obliquen Casus zurückgeht: zd. *xvanhar-em* (Accus.), skr. *svásäram*. Vgl. *fid* T = *fid-ä* D Vater = skr. *pitä* neben *fidäl* (Vocativ) Luc. 16, 24 = skr. *pitar* (acc. *pitäram* etc.), sowie meine Bemerkungen über pers. *pid* = *pidar* Vater etc. ZDMG 38, 426.

308) *xorun* D, *xarjn* T, *xärjn* Matth. 11, 18, *xarin* Ss 41, 1; M II, 33, 52: *xvärun* D, *xärjn* T, vgl. *báxväruu* D essen M I, 92, 16, *xärjn* T ich esse M I, 84, 3 v. u., *bixär* T iss! M I, 64, 1, *bixordton* ich ass M I, 56, 10, *xärd En fésti* als sie gegessen hatten M I, 50, 1, *xärjinuy* Speise M I, 50, 3, *xärd* Speise Sch 65, 10; 73, 2,

zd. *x w a r a i t i*, np. *xwarad* isst.

Dazu *xor* Getreide, Futter M I, 62, 1; 84, 19; 102, 5 v. u.

309) *rossun* D¹, *xussjn* T, *xusin* Ss 42, 1; M II, 52: *xussän* D, *xussju* T schlafen, liegen, M I, 66, 5: *nixxússjdistj* sie lagen im Schlaf, 40, 10: *nixxússjdi* er legte sich schlafen, 58, 9: *yámä sxússjdistäm* wir schliefen zusammen,

zd. *x w a fs*, np. *x u s p - i d a n* schlafen.

Vgl. *välyommä nixxusjjnän* ich will mich aufs Gesicht legen Sch 103, 7—8, wo *xussju* nur die Bedeutung: 'sich legen' ohne Beziehung aufs Schlafen hat.

310) *x u i* D, T, Ss 34, 1, M II, 58, *x u* T, Sch 61, 12 Schwein, pl. *xutä* M I, 78, 4, gen. *xutj* Matth. 8, 30, *näl-xu* Eber M I, 34, 1 v. u. (*näl-xáyi* Accus. 36, 2),

---

¹ Dig. *xossuu* falsch für *xussuu* nach M II, 174 Anm.

np. *xuk* Schwein, kurd. *xü* 1 bis 3 Jahre altes Schwein ZDMG 38. 64, skr. *sūkara* Eber, Schwein (gr. *ῦς*, lat. *sū-s*, ahd. *sū*).

311) *xus* Ss 34, 2, *xus-äi* (abl.) Sch 101, 11, *xus-äi* (abl.) M I, 18, 20, *xusk* Sch 6, Nr. 4, Matth. 12, 10, M II, 58 und 69 trocken, vgl. *xuskkünii* er vertrocknet Sch 6, Nr. 9, 10, es trocknet Sch 32, Nr. 25, *baxusstj* es ward dürre (*ἐξηράνϑη*) Matth. 13, 6, *ba-xuséi* er vertrocknete Matth. 21, 19, 20, Marc. 11, 20,

zd. *huška*, np. *xusk*, skr. *çuška* trocken.

Das *k* in *xusk* ist auch nach Miller nicht aspirirt. Aber eben dieses *k* deutet nach Miller II, 69 auf Entlehnung, und es fragt sich also, ob *xusk* nicht neupersischen Ursprungs ist. vgl. *lisk* Nr. 170.

ç, č

312) *ça* Pronominalstamm in

ça-ma D, *çä-mä* T wozu, *ça-mai* D, *çä-mäi* T weshalb, um zu, damit, *ça-man* D, *çämän* T wozu, weswegen, u. s. w.,

zd. *ča-* pron., gr. *τι-* pron.

Dazu auch *ças* wie viel, vgl. *äyäs* so viel, *çäljamä* bis, vgl. *çäljamä* so lange M I, 82, 4—5.

313) *çadä* D, *çad* T M II, 78, I, 112, 3 v. u., Luc. 5, 1, *çad* Ss 29, 1, *zad* (d. i. *çad*) Klaproth, A. P. 96 See, Sumpf,

zd. *čatiti* in die Cisterne, *apa yat* čataya des Cisternenwassers.

Vgl. Tomaschek, Pamir Dialecte p. 25. — Np. *čah* puteus aus altem **čaϑa* oder **čada*?

314) *çalx* M I, 24, 22, II, 50, Sch 91, 3 Rad, Scheibe (des Mondes),

zd. *čaxra*, skr. *čakra* Rad.

315) *çar*, *çarm* T, *çare* D, *jarm* Ss 33, 2, *çarm*, *jarm* M II, 79 Haut, Fell, vgl. *çarm* M I, 20, 9; 34, 1; *fisi çarm* in Schaffellen Matth. 7, 15, *çärffäi* abl. pl. M I, 34, 11, *säriçarm* I, 34, 15—16 Kopfhaut, *särjarm* I, 34, 6, *särjarttäi*

abl. pl. I, 34, 12 Kopfhaut, *xujarm* Schweinshaut Sch 102, 12, *xujárjn* schweinsledern M 1, 54, 12, *sägjärmťäi* aus Hirschfellen, *sägut' järmťäi* aus Hirschkuhfellen Sch 81, 9, *galjár* D Ochsenhaut M I, 110, 30, *ťärqósjar* D Hasenfell 112, 2,

np. *čarm*, skr. *čarman* Haut, Fell.

316) *čarw* D, T, M II, 50, Sch 32, Nr. 37, *čarw* Ss 33, 2, M I, 72, 1 Oel, Butter,

np. *čarb*, arm. (aus dem Persischen entlehnt) *čarp* fett.

317) *čarun* D, *čärjn* T, *čarin* Ss 39, 2, *čärjn* T M I, 48, 21, II, 46 leben, wohnen, *čard* Leben M I, 60, 5 v. u., Sch 104, 5, *čard* Ss 32, 1,

zd. *čaraiti* geht, skr. *čarati* regt sich, wandert, lebt, ist, treibt.

318) *časte, čäste* D, *čäst* T, *čest* Ss 33, 1; M II, 35: *čästä* D, *čäsť* T, M I, 30, 15 Auge,

zd. *čašman* Auge, skr. *čakšus* Blick, Auge.

čäsť aus iranisch *čašti = ursp. *čak¹sti*? — Hierher auch *časkom* D, T, *časkom* Ss 33, 1, *čäsgom* Sch 84, 12 Gesicht, Antlitz, nach Sch 21, Nr. 87 = Auge und Kinn, vgl. *kom* Ecke, Winkel, D. aber auch Kinn', Sjögren 402. Aehnlich gebildet sei awarisch *bérkal* Gesicht = *ber* Auge + *kal* Mund, Schiefner, Bericht 156.

319) *čawn* D, T, *čawin* Ss 39, 1, *čäün* D, T, M II, 233 gehn, schreiten, spatzieren, fahren, *čäün* ich gehe M I, 24, 3, Matth. 8, 19, *ácjdī* er ging M I, 24, 3, *ra-çu* gehe M I, 20, 29, *čudt* D, *cjd* T, M I, 48, 14 Gang,

zd. *śavaitę* geht, altp. *ašiyavam* ich zog, skr. *čyavatē* geht fort.

320) *cjmjn* M II, 54, *ba-čimin* Ss 41, 2 schlürfen,

np. *čam* cibus potusque, *čamīdan* bibere vinum, skr. *čam* schlürfen.

Dazu *cjmgä* Brühe M I, 56, 30.

321) *čuppar* D, *cjppär* T, *čupar* Ss; M II, 159: *čuppar* D, *cjppar* T (*cjppar* M I, 24, 5; 52, 5 v. u.), *cjbar* (Tsorajew) vier,

zd. *čaϑwaro*, skr. *čatvāras* vier.

322) *çi, çi* (M I, 96, 2). *çī* (M II, 154) D, *çį* T was, was für ein, welch,
zd. *čī-š* quis, skr. *či-d*.
Zu tag. *čī* wer, welcher (dig. *ka*, s. Nr. 149) gehört *çi-där* Jemand Matth. 19, 16, *isji* Jemand Matth. 21, 3, aber zu *çi* was: *istį* Etwas (aus *is-çi*) Matth. 21, 3.

323) *çine* D, *çin* T, Sch 85, 15, Luc. 24, 53 Freude, *čin-kanin* sich freuen Ss 42, 2, *bäçīn-kodtaïd* er hätte sich gefreut M I, 68, 9,
skr. *čanas* Gefallen, Befriedigung —?
zd. *činaiih* soll nach KZ 27, 241 Anm. 'Bezahlung' bedeuten. Auch obiger Zusammenstellung steht das lange *ī* in *çīn* (M I, 68, 9) entgegen, das auf iran. *ai* (*çan-* aus *kain-*) zurückweist.

324) *çirx* D, *çirx* T; M II, 79: *çiry* D, *çiry* T scharf, M I, 32, 2; 86, 15, *čiry* scharf, streng Ss 38, 2, *çiry, çiry* scharf Klaproth, A. P., 95,
zd. *tiχra* spitz —?
W. Miller nimmt hier und in der Endung der 3. p. pl. *-inç* = *-anti* Uebergang von *ti* in *çi* an.

325) *çile* D, *çil* T, *çid* Ss 37, 2; M II, 55: *çitä* D, *çit* T Ehre, *čidjin* D geehrt M I, 96, 20,
zd. *čiθa, čiθi* Strafe, Busse, skr. *apačita* geehrt, gr. τίσις Busse, τιμή Preis, Ehre.

Bei Miller finden sich noch andere Etymologien, die hier nicht verzeichnet sind. Ich habe sie deshalb nicht aufgenommen, weil ich sie aus bestimmten naheliegenden Gründen nicht für richtig halten konnte.

DRITTER ABSCHNITT.

LAUTLEHRE.

§ 1.

tag. *a* = iran. *a* und *ā*,

(tag. *al, ar* = iran. *r*-Vocal, *ar, ār*). In allen Fällen entspricht dig. *a*.

dawjn stehlen, zd. *dab* täuschen; *awd* sieben, zd. *haptu*; *ast'* acht, zd. *ašta*; *bast'* Fessel, zd. *basta* gefesselt; *am* hier, zd. *ahmya*; *ad* Geschmack, lat. *odor* Geruch; *a;d* Lende, zd. *harti*; *ta;d* schnell, skr. *takta* schiessend; *baz* Kissen, zd. *bareziš* Matte; *ma;z* Gehirn, zd. *mazga*.

awinjin hängen, np. *āvēzam* hänge; *rasin* wiehern, skr. *rāç* blöken; *āyafin* einholen, np. *yābam* hole ein; *cafin* weben, np. *bāftan* weben, skr. Wrzl. *vabh*; *ānçad* Ruhe, zd. *šāiti*; *āfsad* Heer, zd. *spāδa*; *çad* See, Sumpf, zd. *čaiti* in die Cisterne; *max* wir, uns, altp. *amāxam* unser, *smax* ihr, euch, zd. *yūšmākem* euer; *rūbas* Fuchs, np. *rūbāh*; *rast'* recht, altp. *rāsta*; *mad* Mutter, zd. *mātar*; *ārwad* Verwandter, zd. *brātar*; *ma* nicht, zd. *mā*; *rad* Sturm, zd. *rata* Wind; *arazin* regieren, zd. *rāzayeiti* ordnet; *art'* Flamme, zd. *ātare* Feuer; *tawjn* wärmen, zd. *tāpayeiti* brennt.

Vgl. noch *calon* Krähe, *fadun* (dig.) spalten, *taljng* Finsterniss.

al

kalm Schlange, skr. *krmi* Wurm; *alj* Spitze, skr. *agra*;
kalju ausgiessen, skr. *kirati*; *sald* Frost, gefroren, zd. *sareta*
kalt; *valjäy* Frühling, zd. *vairi*, np. *bahār*; *alj* jeder, zd.
skr. *sarva*?; *çalx* Rad, zd. *čaxra*; *dolā* hinunter, unten *haareu*,
(*dūhami* herunter), zd. *aδairi*; *stalj* Stern, skr. zd. *star*; *gal-
käwm* wecken, zd. *gar*; *ämbal* Gefährte, np. *hambar*, *hambar*.
Vgl. *xalom* Krähe, *(alwar* D im vorvorigen Jahre.

ar

marj Vogel, zd. *mereγa*, np. *murγ*; *mard* todt, zd.
mereta, skr. *mrta*; *vart* Schild, zd. *vereθra* Panzer oder
Schild, skr. *vartra* wehrend; *fars* Seite, zd. *peresu* Seite,
skr. *parçu* Rippe, *parçva* Seite; *darj* lang, zd. *dareγa*, skr-
dīrgha; *arm* hohle Hand, zd. *arema*, skr. *īrma*; *ars* Bär,
zd. *areša*, skr. *rkša*; *far* (in *far-ast* über acht = neun),
skr. *paras* über hinaus; *urar* Ader, zd. *snavare*; *arw* Himmel,
zd. *awra* Wolke; *narāy* schmal, afgh. *narai*; *marγ* Gift, zd.
mahrka, np. *marγ* Tod; *arj* Preis, Werth, zd. *arejaih*, skr.
argha Preis; *ard* Eid, arm. *erdumn* Schwur; *bar* Wille, skr.
vara Wunsch?; *barāy* Reiter, zd. *bar* reiten; *qarm* warm, zd.
qarema; *dvar* Thür, zd. *dvarem* (acc.); *kard* Messer, Schwert,
zd. *kareta*, np. *kard* Messer; *kark* Henne, Huhn, zd. *kahr-
kās* Geier (Hühneresser); *parou* im vorigen Jahre, skr. *parut*,
np. *par*; *čarw* Oel, np. *čarb* fett; *čarm* Haut, np. *čarm*, skr.
čarman; *darās* Kleid, np. *darz* Naht, arm. *handerj* Kleid;
dard fern, russ. *dali* Ferne? *zarjn* singen, skr. *jar*.

çippar vier, zd. *čaθwaro*; *darjn* halten, zd. *dereγami*
halte; *varin* regnen, zd. *vareiti* es regnet; *marin* morden,
tödten, skr. *mārayati*; *ǟυγar* Gefährte, np. *hambar*.

Svarabhakti *a* : *bālas* Baum, zd. *vareša*, skr. *vrkša*?

§ 2. tag. *au* = iran. *a*, *ā* = *r*, *a*,
aber nicht = iran. diphthongischem *ao*.

staum[1] loben, rühmen, zd. skr. *stu* (skr. *stavana* das

---

[1] Wie zwischen skr. *stavana* das Loben und *stutā* gelobt findet
ein Ablaut statt zwischen pr. *stūm* lobe und pte. *stūd*, dig. *stud*, pr. *lāum*,
dig. *ltum* säe, pte. *tid*, dig. *tud*, entsprechend bei *ardāum*, *räυdāum*,
äftāum, dig. *ändäum* etc. M II, 175.

Loben); *sau* schwarz, zd. *sydva*; dig. *ämbänu* faul machen, skr. *pūyati*.

§ 3. *ai*

tag. *ai* = iran. (*a*) *a* + *y*,
aber nicht = iran. diphthongischem *ai*.
aik Ei, np. *xāya*, ksl. *jaje*.
Inf. auf *a-in* statt **ayin* = dig. *a-yun*:
nimāïn rechnen, zählen = dig. *nimayun*, ptc. *nimad*, dig. *nimad*, skr. *mā*, np. *nu-māyam* zeige; *t'aïn* thauen, schmelzen, dig. *t'ayun*, ags. *thāwan*, ksl. *tajati*; tag. *naïn* baden, ptc. *nad*, skr. *snā*, zd. *snayaeta*; *zaïn* bleiben, ptc. *zad*, dig. *izayun*, skr. *hā* lassen, pass. *hīyatē* zurückbleiben hinter —; *vaïn* laufen, dig. *vayun* fliehen, ptc. *vad*, Wrzl. *vā*; *zaïn*, dig. *zayun* wachsen, *zayi* wird, ptc. *zad*, skr. *jáyatē*, np. *zāyad*; *ānçāïn*, dig. *ānçāyun* ruhen, ptc. *ānçad*, *ārinçayām* wir werden ausruhen, zd. *sāyañtē*.

Vgl. M II, 176.

said List, Betrug (Matth. 26, 4) von *sain* (= *sayun*) betrügen.

ai durch Epenthese entstanden vgl. § 35, h.

§ 4.

tag. *ä* = iran. *a*, *ā*,
(tag. *äl*, *är* = iran. *r*-Vocal, *ar* (*ār*).)
Im Digorischen entspricht *ä*, seltener *a*.

yäfs Stute, zd. *aspa*; *äz* ich, zd. *azem*; *äd*- mit, zd. *hada*; *äw*-Partikel, zd. *apa*; *bäynäy* nackt, zd. *mayna*?; *väss* (dig.) Kalb, skr. *vatsa*; *äxsäz* sechs, zd. *xšvaš*; *däs* zehn, zd. *dasa*; *k'äst'är* jünger, jüngst, zd. *kasu* klein; *k'äd* wenn, ob, zd. *kada*; *mäst'* Galle, Zorn, np. *mast* berauscht?; *säft'äy* Huf, zd. *safa*; *dät'tjn* geben, zd. praesensstamm *dada-*, *daϑ*; *t'äf* Hitze, skr. *tapas* Hitze; *äxsäw* Nacht, zd. *xšap*; *väd* darauf, zd. *avada* da; *växsjit'ä* Achseln, skr. *vakšas* Brust; *fäd* Spur, zd. *pada*; *fästä* nach, zd. *pasča*; *fätän* Breite, zd. *paϑana* breit; *xädäy* selber, zd. *xvatō* von selbst; *çäst'* Auge, zd. *čašman* Auge; *täjin* tropfen, fliessen, zd. *tač* fliessen; Pronominalstamm *çä*- was, zd. *ča*-; Pronominalstamm *kä-* wer, zd. *ka-*; *nä* unser, uns, zd. *nə*, skr. *nas*; *vä* euer, euch, zd. *võ*, skr. *vas*; *män*, *mä* meiner, mich, zd. *mana* meiner, *maṃ*, *ma* mich; *nä* nicht, skr. *na*.

ä-Negation, zd. *a*; *ssäj* zwanzig, zd. *vīsaiti*; *bäz-jin* dick, zd. *bazə* Weite, skr. *bahula* dicht; *sädä* (dig.) hundert, zd. *sata*.

bäɫɫin binden, *bämdän* Strick, zd. *baṅdayeiti* bindet, skr. *bandha* Band; *äṅgar* Gefährte, np. *hamkār*; *fünjäm* fünfte, skr. *pañcama*; *tänäg* dünn, fein, skr. *tanu*; *uj-gänin* begraben, zd. *kan* graben; *fänd* Rath, np. *pand*; *äntär* andere, skr. *antara*; *äɫɫämä* ausser, skr. *anta* Ende; *änä* ohne, gr. *ἄνευ* (?): *änuson* ewig, zd. *anaosa*; *äntäf* Hitze, skr. *sam-tap* erhitzen; *äṅgäl-dän* vermuthe, zd. *haṅkārayēmi*; *äṅguljä* Finger, skr. *aṅguri*, *aṅguli* Finger, Zehe; *äṅgur* Haken, Angel, skr. *aṅka*; *zäṅgä* Unterschenkel, zd. *zaṅga* Knöchel; *zäx* (dig. *zänxä*) Erde, skr. *jam-* Erde; *zänäg* Kind, skr. *jana* Mensch; *äm*, *än* zusammen, gleich, zd. *ham*, *haṅ*, *hama*; *zämbin* Gähnen, skr. *jambha* Gebiss, Rachen.

Vgl. noch *räz* Schwere; *käf* gesalzener Fisch; *ämä* und; *südtin* brechen, hauen; dig. *näväg* (tag. *nvog*) neu, zd. *nava*; *äfsän* Eisen.

säy Ziege, skr. *chāga*; *käsin* anschauen, zd. *kas*, skr. *kaç*; *bästä* Gegend, skr. *vastu*?, *durä* zwei, zd. *dva*, skr. *dva*; *ärtä* drei, zd. *θrayō*, skr. *trayas*; *fäzzäg* Herbst, pz. *pädēz*?.

Suff. *äg* in *tänäg* dünn, *rädäg* selber, *mīdäg* innere, *bäynäg* nackt, *stäg* Knochen, *dïmäg* Schwanz, *fäzzäg* Herbst, *uäljäg* Frühling, *zïmäg* Winter u. s. w. — urspr. *a-ka*.

äl

mäläɫ Tod, zd. *mereθyu*, skr. *mrtyu*; *mälin* sterben, zd. *mereyeite* stirbt; *käljn* sich ergiessen, skr. *kïryate*; *bälas* Baum, zd. *vareśa* Wald, skr. *vrkṣa* Baum (?); *näl* Männchen von Thieren, zd. *nar* (*nara*); *välä* auf, über, zd. *upairi* über; *fälä* aber, skr. *param*; *sälji* es gefriert, zd. *sareta* kalt; *qäläs* Stimme, lit. *gàrsas*, ksl. *glasŭ* Stimme; *zäldä* niedriges Gras, ksl. *zelo* herba.

tag. *äl* — dig. *nl* — zd. *uor*:
mäljig T. *maljag* D Ameise, zd. *mawiri*, gr. μύρμηξ.

är

bärzond hoch, zd. *berezant*; mit Ausfall des *r*: *känin* machen, zd. *kerenwoimi* mache; *färsin* fragen, zd. *peresaiti* frägt; *färsin* sich fürchten, zd. *teresaiti* fürchtet sich; *zärdä* Herz, zd. *zaredaya*, skr. *hrdaya*; *igär* Leber, zd. *yakare*, skr. *yakrt*; *sär* Kopf, zd. *saranh*, skr. *çiras*; *sizyärin* Gold, golden, zd. *zaranya*, skr. *hiranya* Gold; *bärz* Birke, skr. *bhärja*, lit. *bérżas*; *bärz* Hals, zd. *barešn* Rücken (des Pferdes): *äfsärm* Schaam, zd. *fšarema*; *kärdjn* schneiden, zd. *keret*, skr. *krt*, *cärjn* leben, zd. *čaraiti* geht; *xärjn* essen, zd. *xwaraiti* isst; *xäräg* Esel, zd. *xara*; *färw* Erle, ahd. *felawa* Felber, Weide; *färät* Axt, Beil, skr. *paraçu*; *rärdon* Wagen, np. *gardān* Wagen, skr. *cartani* Radkreis; *färjn* Knabe, zd. *taaruna* jung; *färjn* treiben, skr. *tirati* geht hinüber, *taragati* führt hinüber; *särd* Sommer, zd. *sareda* Jahr; *märzjn* fegen, zd. *marezaiti*; *käron* Ende, zd. *karana* Ende; *zgär* Panzer, afgh. *zyarah*; *zäromd* alt, skr. *jarant*; *äwzär* schlecht, skr. *hvar* krumme Wege wandeln?; *qär* Geschrei, Stimme, zd. *gar* anrufen; *rärjg* Lamm, np. *barra* Lamm, skr. *uraṇa* Widder; *rärdçä* Wachtel, skr. *vartika*; *ärdäg* halb, skr. *ardha* halb; Compar. Suff. -*där*, zd. skr. -*tara*.

Ausl. *ä* (bei Sjögren *e*) findet sich öfter, wo man nach den sonst geltenden Auslautsgesetzen gar keinen Vocal erwarten sollte, und zwar theils im Tag. und Dig., theils nur im Digorischen:

tag. und dig. *ä*: *innä* andere, zd. *anya*; *zängä* Unterschenkel, zd. *zanya*; *dungä* D, *dimgä* T Wind; *beurä* D, *bürä* T viel, zd. *baçvare* zehntausend; *dalä* T hinunter, zd. *adairi*, *cälä* auf, über, zd. *upairi* über; *cartä* T, *cortä* D dort, zd. *awaϑra* dort; *aftä* T, *cotä* D so, zd. *avaϑa* so: *bästä* Gegend, skr. *rāstu*?; *zärdä* Herz, zd. *zaredaya*; *zäldä* niedriges Gras, ksl. *zelo* herba; *rärdçä* Wachtel, skr. *vartikā*.

fälä T, *fal* D aber, skr. *param* allein.

— 79 —

nur digorisch ä¹: *särdä* Sommer (tag. *särd*), zd. *sareda* Jahr; *wade* (d. i. *eadä*) Sturm, zd. *cata*; *sädä* hundert, zd. *sata*; *madä* Mutter, zd. *mattar*; *fidä* Vater, zd. *pitar*; *ärwadä* Bruder, zd. *brätar*; *xodä* Mütze, Hut, zd. *xaoda*; *cadä* See, Sumpf, vgl. zd. *čaiti*; *čästä* Auge, ursp. *čak¹sti*; *sistä* Laus, zd. *spiš*?; *miste* (Sjögren) Maus, *baluči mušk*; *čitä* Ehre, zd. *čiθa*, *čišti* Busse; *suzzärinä* Gold, zd. *zaranya*; *čine* Freude, skr. *čanas*?; *-done* Behälter, skr. *dhana*; *ridonä* Zaum, zd. *aiwidana*; *rwärä* Schwester, zd. *xwahar*; *nale* Männchen von Thieren, zd. *nar* (*nara*); *farä* im vorigen Jahre (tag. mit Suffix *on: faron*), np. *pär*, skr. *parut*; *äzinä* gestern (tag. mit Suff. *on: zinon*), np. *di*, skr. *hyas*; *meγä* Wolke, zd. *maeγa*; *säγä* Ziege, skr. *chaγa*; *finkä* Schaum, skr. *phena*; *aikä* Ei, np. *xaya*; *γesä* Borste, zd. *gaesa* (?); *äfsä* Stute, zd. *aspa*; *bäläsä* Baum, zd. *varesa*, skr. *erksa* (?); *barse* (Sjögren) Birke, skr. *bhärja*; *barze* (Sjögren) Hals, zd. *barosa*; *finje* (Sjögren) Nase, arm. *pinj*; *siδä* anus, skr. *sphijau*, *ängaljä* Finger, skr. *aigari*, *aiguli* Finger, Zehe; *zäwrä* Erle, skr. *?*; *naffä* Nabel, np. *naf*, skr. *nabhi*; *färeä* Erle, ahd. *filawa* Weide; *axsawe* (Sjögren) Nacht, zd. *xšap*, *xšapan*; *gerä* ein, zd. *aeva*; *mäγä* Mond, Monat, zd. *maaha*, skr. *masa*. Vgl. M II, p. 34—36.

Vorgeschlagenes *ä*: (vor xs, rw, rf, rt, fs, wz):²
äxsäz sechs, zd. *xšvaš*; *äxsäw* Nacht, zd. *xšap*; *äxsist* geglüht, zd. *xšusta*?; *äxsir* Milch, skr. *kširá*; *ärwad* Verwandter, zd. *brätar*; *ärfig* Augenbraue, skr. *bhrū*; *ärtä* drei,

---
¹ Dieses nur digorische *ä* fällt ab im Plural: *xumä* Acker — *xamtä*, *fädä* Balken — *yädtä*, *bäläsä* Baumstamm — *bälästä*, *xrärä* Schwester *xrärtä*, *äxsäwä* Nacht — *äxsäwtä* M II, 120.
Ueber das Vorkommen dieses dig. *ä* vgl. M II, 34—36. — Müller theilt jetzt die Ansicht Fortunatow's, welcher meint, dass dieses *ä* in einigen Fällen = altiran. *a* (vgl. *madä* Mutter = zd. *mata* aus *matā*) oder = ursp. *a* nach einfachem Consonanten (vgl. *sadä* hundert = skr. *çatám*) zu setzen sei (M III). Mir fraglich. Mehrfach scheint mir dig. *ä* ein neu angetretenes Suffix zu sein, so besonders im Optativ: dig. *kasinä*, *kasisä*, *pasidä* u. s. w. neben tag. *fissan*, *fissis*, *fissid* etc., wie auch in den Fällen, wo *ä* vor dem Pluralsuffix *tä* verloren geht.
² M II, 60.

zd. *Уrауō*; *äfsärm* Schande, zd. *fšarema*; *äfsad* Heer, zd. *spāda*; *äwzär* schlecht, zd. *zbar*, skr. *hvar* krumme Wege wandeln?. Dazu *äwį* oder, zd. *vā*?? Vgl. im Digorischen *äzinä* = tag. *zįnon* gestern, skr. *hyas*, und die mit *zm* beginnenden Wörter (*äzmēsä* Sand = tag. *zmīs*), die bei M II, 60 besprochen werden.

Svarabhakti *ä*:

mälät́ Tod, zd. *mereӭyu*, skr. *mrtyu* Tod; *qäläs* Stimme, lit. *gàrsas*, ksl. *glasŭ* Stimme; *daräs* Kleid, zd. *derezu* Fessel, np. *darz* Naht.

ä = arisch *i*:

äwzag Zunge, Sprache, zd. *hizva*, shr. *jihvā*.

§ 5. äu und äi (nicht = iran. diphth. *au* oder *ai*).

a) tag. *äu* = iran. *a + v*:

çäuu[1] gehn, schreiten, zd. *šavaitę̄* geht; *yäu* Hirse, zd. *yava*; *qäu* Dorf, got. *gavi*?; *däu* deiner, dich, zd. *tava* deiner.

b) tag. *äi* = iran. *a*, *a + yį* im Inf. auf *äīu* = dig. *äyun*:

räiu bellen, skr. *rāyati* bellt; *däiu* (dig. *däyun*, ptc. *dad*) saugen, skr. *dhayāmi* sauge; *qäiu* (dig. *qäyuu*, ptc. *qud*) coire, np. *gā-dan*. Vgl. M II, 176.

c) *äi* = zd. *ăuh* = skr. *ās*:

mäi T, *māyä* D Mond, Monat, zd. *măŭh*, *măŭha*, skr. *mās*, *māsa*. Vgl. *äi* im Gen. des Pron. *käi* = skr. *kasya*, gd. *kahya*.

d) Durch Epenthese entstandenes *äi*:

äfsäinag eisern (aus *äfsäu + iag*).

e) dig. *äi* (aus *a-ti*) = tag. *äj* cf. § 18.

§ 6. *a* im Wechsel mit *ä*.

a) das Präsens hat *ä* (tag. und dig.), das pt. pf. *a*:

t́ärįu treiben, pt. *t́ard*,

çärįu leben, „ *card* (pt. *çardī* lebte M 1, 18, 2 v. u.),

---

[1] *çäuu* ich gehe, ptc. t. *çid*, d. *çud*, *käuu* ich weine, t. d. *kud*, *qäuu*, d. *yäuu* habe Mangel, t. *qud*, d. *yud* M II, 175.

mäljn sterben, pt. mard,
çäzdjn klingen, „ çazd,
tä.zjn fliegen, „ tazd,
nämjn schlagen, „ nad,
bäťtjn binden, „ bast,
M II, 48. Weitere Beispiele 177.
b) das Intransitiv hat ä, das Causativ a:
säfjn zu Grunde gehen (M I,   säfjn verderben M I, 40, 18,
                72, 18),
zdäzjn zurückkehren (M I, 40, 26), zdäzjn zurückbringen (M I,
                                40, 23),
Fäljn sich ergiessen,   Fäljn ausschütten, s. p. 43,
mäljn sterben,   märjn tödten, s. p. 48,
zäun D, qäun T Mangel haben, zäun, qäun vermindern (M I,
                                44, 21),
iwäzun D sich ausdehnen,   iwäznn D ausdehnen,
izäläu D zu Grunde gehen,   izälan D zerstören,
äzzäläu D abfallen,   äzzälan abschütteln,
älwäsjn D herausspringen,   älwäsan herausziehen.
Beispiele und Accent nach M II, 49. Vgl. dazu M II, 179.
Ferner: äftjn, dig. äftngun neben dem Causativ äftäun
175; ämbjn, dig. ämbayun neben dig. ämbäun mache faulen
175, 176.

Vgl. dagegen a oder ä im Praes. und Particip perf.:
           darjn, dig. darun, ptc. dard,
           ladjn   „   ladun   „   ladt,
           äyafjn   „   äyafun   „   äyaft,
           rafjn   „   rafun   „   raft,
           säjn   „   sayun   „   saidt,
           fäun   „   faun   „   faud,
oder   räun   „   räyun   „   rädt,
           lärun   „   lärun   „   länd,
           çäfsjn   „   çäfsun   „   çäfst
etc. M II, 181—182.

c) Das Präsens hat a im Tag. und Dig., das Präteritum
ä im Tag., a im Dig.:
acazjn trinken, dig. nirazun, pract. nirästun, dig. nirastun,
ämbazrn begreifen,   „   ämbärstun „ ämbarstun,

färazin können, praet. färästʼon „ färastʼon,
äγafjn einholen, „ äγäftʼon, „ äγaftʼon,
äf-sadin sättigen, „ äf-sästʼon „ äf-sastʼon
u. s. w. M II, 51 und 178.

d) Das Präsens hat *ä* im Tag. und Dig., das Präteritum *ä* im Tag., *a* im Dig.:
ärärin, dig. äräran legen, ipf. ärärdtʼon, dig. ärardtʼon, zmäntʼin, dig. äzmäntʼon umrühren, ipf. zmästʼon, dig. zmanstʼon, etc. M II, 178.

e) Der Singular des Nomens hat *a*, der Plural *ä*[1]:
    arm hohle Hand, pl. ärmtä,
    az Jahr, „ äztä,
    qaz Gans, „ qäztä,
    xäjar Haus, „ xäjärttä,
    fändag Weg, „ fändägtä,
    kax Fuss, „ käxtä,
    dvar Thür, „ dväritä,
etc. M II, 65. 121—122, 123. Ausnahme: *gal* Ochse, pl. *galtä*.

Der Wechsel von *a* und *ä* beruht im Allgemeinen theils auf dem Wechsel von iranischem oder arischem *a* und *ă*, theils aber ist er bedingt durch die ossetischen Silbenverhältnisse, und zwar erscheint — nach Fortunatow bei M III — „in ossetischer Schlusssilbe vor Doppelconsonanz *a* statt *ä* für iranisches kurzes *a*, während *ä* im Tagaurischen (Ironischen) nur da vor ausl. Doppelconsonanz erscheint, wo das Digorische das auslautende *ä* bewahrt hat (dig. *äfsä* = tag. *jäfs* Stute)".

§ 7. tag. *i*.

a) tag. *i* = dig. *i* = zd. *i*, *ī*:
fiu T, fiu D Fett, zd. *piwah*; fissin T, finssun D schreiben, altp. *ni-pis*; fid T, fid D Fleisch, zd. *pitu*; fid T, fidä D Vater, zd. *pitar*; sist T, siste D Laus, zd. *spiš*; cit T, citä D Ehre, zd. *čiθra*; mizd T, mizd D Lohn, zd. *mižda*; ci T, ci D was, zd. *čiš*; cirγ T, cirγ D scharf, spitz,

[1] „Langes *a* vor ausl. Conson. wird im Plural zu *ä*" M II, 121.

zd. *íçra* (?); *aį-* T, *aí* D nieder, zd. *ni-; zinom* T, *āzinā* D gestern, np. *di*, skr. *hyas*; *ęįdon*, *cidon* T, *vidonā* D Zaum, zd. *aiwidāna*; *sij* T, *sijā* D anus, skr. *sphijau*; *ǟsir* T, *ǟsir* D Milch, skr. *kšīra*; *lisk* Nisse, skr. *likšā*?.

Hierher das *j* des Genitivs (dig. *i*): *yäfsį* der Stute, skr. *áçrya-, áçria-* zum Rosse gehörig.

Für *į* (= ursp. *i*) erscheint im Tag. nach Palatalen (*č, š, j*) häufig *i*: *mäsiji* des Thurmes M 1. 16, 15.

Ueber *yi =i, ęį = u* siehe unter *i* und *u*.

b) tag. *į* (*i*) = dig. *i* = arisch *ai* vor *n*:

finė T, *finkä* D Schaum, skr. *phēna*; *unin* T aus *ęinįu* = *rinau* D sehen, zd. *raęnami*; *ǟssinäy* Taube, zd. *arśaęna*. Entsprechend wird phl. *ē* = altp. *ai* im Mittelpersischen vor *n* und *m* zu *ī* (*dīn* Religion = zd. *daęna*), während es sonst als *ē* bleibt.

c) vereinzelt tag. *į* = dig. *u* = zd. *i*:

zįmäy T, *zumäy* D Winter, zd. *zima*. Kommt dig. *u* hier auf Rechnung des flg. *m*?

Vgl. dig. *samua* ihr = tag. *smar*, zd. *xšma*.

d) tag. *į* = dig. *u* = zd. *u, ū* (ausser nach Gutturalen, nach denen auch im Tagaurischen *u* erscheint, vgl. § 11, b):

dį T, *du* D du, zd. *tūm*, skr. *tuam*; *stįd* T, *stud* D (Sjög.) Lob, Ruhm, skr. *stuti*; *çįd* T, *çudt* D Gang, skr. *çgati*; *ämbįd* T, *ämbud* D faul, zd. *paiti* (*ämbįin* T faulen aus *ęmbįįu* = dig. *ämbuęun*, skr. *pūyati* wird faul); *stįr* T, *stur* D gross, stark, skr. *sthūra*; *tǟrįn* Knabe, zd. *tauruna*; *dįmäy* T, *dumäy* D Schwanz, zd. *duma*; *bįn* T, *bun* D Boden, zd. *buna*; *sįrx* T, *surx* D roth, schön, zd. *suxra*; *sįd* T Hunger, zd. *šuda*; *fįrt* T, *furt* D Sohn, zd. *puθra*; *nįr* T, *nur* D jetzt, zd. *nūrem*; *sįzyärįn* T, *suzzärinä* D Gold, zd. *surta, zaranya*; *ärfįy* T, *ärfuy* D Augenbraue, skr. *bhrū*. Also *mäljįy* = dig. *muljuy* Ameise (zd. *maoiri*) mit Suffix *u-y* gebildet. Wie verhält sich *diss-on* T gestern Abend zu np. *doš*, skr. *došā* Abend?

e) vereinzelt tag. *į* = dig. *i* = zd. *u, ū*:

mįst T, *miste* D, *mįst* T (Dial. v. Kammot) Maus, np. *mūš*, skr. *mūš*; *ǟssist* T, *ǟssist* D hitziges Fieber, *ǟssist* geglüht, zd. *ršusta*??

f) tag. *i* = dig. *u* (gemeinossetisch *u*) = zd. *a* unter dem Einfluss von Labialen (ausser *r*) und des Vocales *u*: *cippar* T. *cuppar* D vier, zd. *čaϑwārō*; *-bin* T. *-bun* D Wald. zd. *canā?*; *mid* T, *mud* D Honig, Meth, zd. *maδu*; *fis* T. *fus* D Schaf. zd. *pasu*; *bid* T, *bud* D Band, skr. *bandha* (?); *fir-* T, *fur-* D viel. zd. *pouru* (aus *par-u*); *ämbird* T. *ämburd* D Sammlung. zd. *ham* — *bereit*; *dimin* T, *dumun* D rauchen, wehen, blasen, skr. *dham* blasen; *cimin* T schlürfen, skr. *čam*.

g) tag. *i* = dig. *u* = *a* vor *nd*, *md* im ptc. perf.: *zind*, dig. *zund* von *zonin*, dig. *zonun* wissen, zd. *-zaňta*, *amind*, „ *amund* „ *amonin*, „ *amonun* zeigen, anweisen nach Gutturalen erscheint auch im Tag. *u*:
xund von *xonin*, dig. *xonun* rufen (dazu auch das Passiv *xninin* = dig. *xununu* heissen).
kumd .. *komin*, .. *komun* wollen,
etc. M II, 179. Hierher wohl auch *qui'tag* That (zu *kond* gemacht).

h) vereinzelt tag. *i* = dig. *i* = zd. *a*:
findtäs T. *findtäs* D fünfzehn, zd. *pañčadasa* neben *fonj* fünf. *fänjäm* der fünfte; *tinjin* T, *itinjun* D ausdehnen, zd. *ϑañjayeiti*; *firin* T. *firun* D kochen,[1] zd. *pač*; *nix* T, *nix* D Nagel, skr. *nakha*. Hierher auch *čind* gemacht (mit *i* für *i* nach *č*) von *känin* machen. Vgl. im Zend den Uebergang von *a* (durch *e*) zu *i* unter dem doppelten Einfluss von Nasalen und Palatalen.

Unklar ist tag. *i* = dig. *u* in *stali* T. bei Sjögren *stäle* T, *stalu* D Stern, zd. *star*.

Isolirt steht *i* (nach Gutturalen *u*) für *rä* (= ursp. *upa*) in der Endung des tag. 'Superessivs' *il*, *ul²* aus *väl-* = zd. *apairi*.

[1] pte. perf. tag *ficf*, dig. aber *funxf* oder *funx* (imperf. *faxton* und *fuaxton*). M II, 181. Ist *pač* als Wrzl. anzusetzen?
[2] Für *il* erscheint im Tag *il* nach *g* und *ü* (*bärzäil* an den Hals M I, 20, 9, freilich auch *gäul* warum? Sch 75, 7), dagegen *ol* nach *n*, *r* und Gutturalen: *gaol* am Dorf Sch 73, 4, *fingul* auf den Tisch Sch 74, 11, *zänägal* Matth. 27, 25, freilich auch *kalakil* M I, 22, 17. Vgl. p. 15, 4.

§ 8. *i*.

tag. *i* = dig. *i* = iran. *a* und *i* vor oder nach *y*:

ir Osseten, zd. *airya*; *innä* T, D andere, zd. *anya*; dig. *sɯzzärinä*, tag. *sɯzärin* Gold, skr. *hiranya*, zd. *zaranya*; *igär* T, D Leber, zd. *yakare*, skr. *yakrt*.

lin T, *liyun* D cacare, pte. *lɯd*, dig. *lid*, zd. *iri*, np. *ridau*, pr. *riyam*; *bin*, *biyin* T, *biyun* D winden, pte. *bɯd*, *bid* (M II, 176), ksl. *viti*, pr. *vija* winden.

Unsicher *iyay* Schaufel, waxi *piž*?

Die tag. Infinitivendung *in* (im Unterschied von *yu* = dig. *un*) ist entstanden aus **yin* = dig. *yun*, vgl. *dan* T = *däyun* D saugen, etc. M II, p. 33. Die Endung tag. *in* oder *jin* ist entstanden aus *iyin* = dig. *uyun*; *ämbiin* = dig. *ämbuyun* faulen, *rädjin* = dig. *räduyun* sich irren, fehlen; nach Gutturalen bleibt auch hier im Tag. *u* erhalten, daher: *ar-yuin* = dig. *yeu-yuyun* vergehen, etc. M II, 175.

Im Tag. tritt *i* für *j* wie nach *y* so auch nach Palatalen ein, vgl. § 7, a.

i im Diphthong *ai* und *äi* siehe oben § 3 und 6.

Im digor. Dialecte erscheint öfter ein *i* im Anlaut: *izayan* D, *zain* T bleiben, skr. *ha*; *iẓosun* D, *qusin*[1] T hören, zd. *gaośa* Ohr; *ioä* D, *oi* T Glied, skr. *anya*; *ijäy* D M I, 96, 5, *jay* T voll, *icäzäy* D M I, 114, 6, *vazäy* T Gast u. s. w. Vgl. M II, 37–38, 60. In diesem *i* vermuthet Miller neuerdings die Partikel *ri-*, vgl. § 37, 4. Mir ist der Ursprung des dig. *i* nicht klar, wohl aber der Unterschied zwischen beiden Dialecten. Ich sehe *i* hier als gemeinossetisch, also als beiden Dialecten ursprünglich zukommend an: im Digorischen blieb natürlich *i* den Lautgesetzen nach, im Tagaurischen aber musste *i* zu *j* werden und dann abfallen, da anlautendes *j* (das auch aus *u* entstehen konnte) nirgends blieb.

§ 9. tag. *ī* und *ē*.

1) tag. *ī* = dig. *e* = zd. *ae*:

xid T, *xed* D 1) Brücke, zd. *haetu*, 2) Schweiss, skr.

---

[1] Vgl. aber auch tag. *fequston* ich hörte aus *faxiguston* M II, 60

srdu; fä-lurju T, *fä-lewun* D betrügen, täuschen, np. *firlbum* betrüge, skr. *rip* Betrug; *mīx* T, *mēx* D Pfahl, np. *mēx* (entlehnt?); *mīzju* T, *mēzun* D harnen, zd. *maęzaiti* harnt; *rīżju* T, *rżun* D erschüttern, bewegen, skr. *rēya* schnelle Bewegung: *ärdisju* T, *ärdēsun* D weisen, zd. *daęsayęiñti* sie weisen; *līju* T, *lējun* D laufen, zd. *raęęayęiñti* (Vgl. M II. 172—173); *ix* T, *yex* D Eis, zd. *ąexa*; *nięi* T, *nēęi* D nichts, zd. *naęčit*; *qīs* T, *ęēsä* D Borste, zd. *gaęsa* (?); *mīz* T, *męzä* D Wolke, zd. *maęza*; *birä* T, *bēurä* D viel, zd. *baęcare*; *rżę* T, *rzęä* D Bergrücken, np. *rēż*; tag. *ęī* = dialect. *Ei* welcher, zd. *kaya?* Vgl. *ya* T (für *ai*), *yeu* D (für *äu*) ein, zd. *ąera*.

2) Vereinzelt: tag. *ī* = iran. *a* unter dem Einfluss von folgendem *y*:

mēdäy T, *mēdäy* D innere, innerlich, zd. *maiδya*, skr. *madhya*.[1]

Unsicher ist: *bīräż* T, *bēräż* D Wolf, zd. *rehrka*, skr. *vrka* —?

3) Tag. *ē* = ausl. ä + anl. ä: *fēxs* schiesse M 1, 22, 16 (von *äxsju* schiessen M 1, 24, 14), oder = ausl. ä + anl. i: *jenon* ich will sehen M 1, 18, 17 (aus *fä* + *inon* für urspr. *einon*),

vgl. dagegen dig. *jäńťa* er sah M 1, 94, 8,

         „ *fäyinun* sehen M 1, 94, 18 neben *vinŭi* sicht,

         „ *niyidťonęä* sie sahen M 1, 94, 22,

neben „ *fęyusťa* hörte M 1, 94, 11 (aus *fä* + *iyusťa*). Vgl. M II, 63—64.

§ 10. *o*.

tag. *o* = dig. *o* = zd. *a, ā* vor *u, m*.

jonj fünf, zd. *panča*; *käron* Ende, zd. *karana*; *bärzond* hoch, zd. *berezant*; *zärond* alt, skr. *jarant*; *oä* Glied, skr. *añga*; *zonju* wissen, zd. *zan*; *conju* nennen, zd. *xvan*, skr. *svan*; dig. *romun* sich erbrechen, zd. skr. *ram*; *domun* zähmen, skr. *dam*; *nom* Name, zd. *naman*, skr. *nāman*; *kom* Wille, zd. *kama*; *bon* Tag, zd. *banu*, skr. *bhānu*; *don* Wasser, zd. *dānu*, skr. *dānu*; *-don* Behälter, skr. *-dhāna*; *vidon* Zaum,

---

[1] Vgl. arm. *mej*.

— 87 —

zd. *aividama*, skr. *abhidham*; Suffix *on* : *iron* ossetisch, zd. *airyana*, etc. M II, 108. Vgl. *aromja* (aber dig. *cocamun*) zurückhalten, zd. *ramayeiti* beruhigt, skr. *rame*; auch tag. *zund* = dig. *zund* (Sjögren) Kenntniss, M I, 68, 12 List. von *zonin* wissen.

o, ro = urspr. *ra* vgl. § 14.

Zu beachten ist der Wechsel zwischen *o* und *ö* (M II, 65) in

nom Name, pl. tag. u. dig. *nömttä*,
don Fluss,   „   *dättä*,   „   *däntä*,
zärond alt,   „   *zärädtä*, „   *zärändtä*, *cäsgom* Gesicht, pl. *cäsgömdtä* Matth. 6, 16, *ror* (aus *raur*) Berg, *rorrom* (adj. d. Beziehung) etc. Vgl. M II, 122. Dazu auch

zängoi Schuh, pl. *zängöitä*,
öykoi Schulter, „ *ägkäitä* M II, 122.

Somit wird iranisch *a* unter dem Einfluss folgender Nasale
1) zu dig. *u* = tag. *i* (§ 7, g),
2) „ „ *o* = „ *o*,

und zwar das erste in den part. perf., das zweite im Stammauslaut ausser beim Antritt gewisser Suffixe (wie das Pluralsuffix), vor denen *a* als *ö* erhalten bleibt.

§ 11. *a*.

a) tag. dig. *a* = iranisch *a*.

duvä D, T zwei, zd. *dva*, skr. *dva*; *gu* T, *gou*, *yeä* D ein, zd. *ava*; *gän* Hirse, zd. *gava*; *sau* schwarz, zd. *syava*; *däu* deiner, zd. *tava*; *gäu* T Dorf, got. *gavi*?, *nudäs* T, *näudäs* D neunzehn, zd. *navadasa*; *fiu* D, *fiu*, *fju* T Fett, zd. *pivauh*. Vgl. dig. *beurä* = tag. *bürä* viel, zd. *bagrava*.

tag. *a* aus *ij*.[1]

uaju sehen aus *rjaju* = dig. *vinnu*, zd. *vagnami* sehe (§ 7, b), *gänu* aus *gärju* oder direct aus *gärun*? (dig. *canu* aus *carun*).

---

[1] *ej* bleibt — unter dem Druck der Analogie — in Flexionsendungen: *ejn* auch M I, 16, 20, 23 etc. (neben *un*), *birj* steht (3 p. pr.) M I, 20, 19, *gäri* ist nöthig M I, 20, 23 etc.

b) tag. dig. *u* = iran. *u* nach Gutturalen (vgl. § 7, d):
ku als, *kud* wie, zd. *kū* wo, *kuϑu* wie, *kuda* wo; *xusk*
(*xūs-ūi*) trocken, zd. *huška*; *xui* Schwein, np. *xūk*; *xuin* T,
xuynn D nähen, skr. *sivyati*, Wurzel *syu*.

Daher auch in den Participien:
qust T, *iyust* D von *qūsin*, dig. *iyosun* hören,
kuwd T, *kuwd* D „ *kūwin*, „ *kowun* beten,
gud T, *gud* D „ *gīnn*, „ *gīnu* D vermindern,
und *qūūn*, „ *gūūn* D habe Mangel
etc. M II, 174, 175.

Das Wort *st'ny* Büschel Haare = skr. *stuká* Zotte gehört offenbar dem dig. Dialecte an.

Gegen obige Regel ist gelegentlich *u* auch nach Gutturalen im Tag. in *i* übergegangen, vor welchem die Gutturale entweder bleiben oder zu Palatalen, nach welchen *i* wieder in *i* übergehen kann, werden: *sinkil* Geschwür M I, 16, 13, *kalakil* auf die Stadt M I, 22, 16 (vgl. oben p. 84, Anm. 2), *fājis* Mist M I, 60, 1 v. u. = dig. *fāyus* M II, 114, M I, 100, 23.

c) Tag. *u* = dig. *u* findet sich noch in folgenden besonderen Fällen:
xussin T, *xussun* D (ptc. *xust* M II, 181) schlafen, liegen, zd. *xwafs*. Ich nehme an, dass iran. *a* hier nach § 7, f (unter dem Einfluss des vorangehenden und folgenden Labiales) in ossetisch *u* überging[1], welches nach *x* auch im Tag. erhalten blieb. — *urs* T (südoss. *vurz*) Hengst, zd. *varšni*, skr. *vršni*, *vršan*. Mir scheint *urs* für *vurs* zu stehen und *vur*- der regelmässige ossetische Vertreter von urspr. *vṛ* zu sein, daher auch *urni* glaubt = altp. *vrnavatiy*. Auch *urdig* aufrecht könnte für *vurdig* (aus *vrdh-*) stehen, doch weist skr. *ūrdhva*, wenn es zu zd. *eredva* gehört, auf ursp. *ṛdhva*, nicht *vṛdhva*. — *üring* Welle zu skr. *ūrmi* (*vṛmi*)? —

d) dig. *u* = tag. *i* = zd. *i* vgl. § 7, c,
= zd. *u, ū* vgl. § 7, d,
= zd. *a* bei Labialen vgl. § 7, f,
= zd. *a* bei Nasalen vgl. § 7, g.

---

[1] Oder ist *xuss* Tiefstufe zu zd. *xwafs*? Vgl. np. *xuspūn* und *xuften*.

c) Vereinzelt:

tag. *sturtä* (Sjögren) Vieh, zd. *staora*; ist *a* lang, so gehört es zu § 12. — dig. *muljuy* = tag. *mäljiy* Ameise, zd. *maoiri*, gr. μύρμηξ.

§ 12. tag. *a*.

a) tag. *a* = dig. *o*[1] = zd. *ao*.

sujin T, *sojun* D brennen, zd. *saočant* brennend, skr. *çočati* brennt;[2] *kasin* T, *kosun* D arbeiten, np. *kašdan*; *däčin* T, *dočun* D melken, np. *döxtan*, *dōšidan*; *gäs* T, *gos* D Ohr, zd. *gaoša*; *guy* T, *goy* D Kuh, zd. *gaoš*; *bär* T, *bor* D gelb, np. *bör*; *räbas* T, *robas* D Fuchs, np. *röbah*, skr. *lōpāçu*; *rūcs* T, *roxs* D Licht, zd. *raoxšna* glänzend; *räd* T, *rodä* D Mütze, Hut, zd. *raoda*; *bäd* Weihrauch, zd. *baoidi*; *änäson* ewig, zd. *anaoša*.

Also *jārin* reden, sprechen, nicht zu skr. *gar*, *jar* (aus *gr*, *jr*). Unsicheres dieser Art bespricht Miller II, 59.

b) tag. *ā* = dig. *o* = zd. *ra* vgl. § 14.

§ 13. *y*.

tag. *y* = zd. *y*:

gän, *gen* Hirse, zd. *yara*; *ägafin* einholen, np. *yaftan*; präsensstammbildendes *y*-: *zayi* wird, zd. -*zayyite*, skr. *jayati*; *däin* T (aus *däyin), *däyun* D saugen, skr. *dhayami* sauge, u. s. w.

tag. *y* aus *ī* = dig. *ye* = zd. *ae*:

T *yu* (für *in), D *yeu* für (*en) ein, zd. *aēva*, vgl. T *ix* = D *yex* Eis, zd. *aexa*.

dig. *y* = tag. *i* = skr. *s* zwischen Vocalen:

mäyä D = *mäi* T Mond, Monat, zd. *mänha*, skr. *masa*. Vorgeschlagenes *y*:

yäfs T = *äfsä* D Stute, zd. *aspa*.

---

[1] langes *o* *M II, 33.
[2] Die Präsentia der 1. (indischen) Classe mit tag. *a* dig. *o* siehe bei M II, 173—174:

surin, dig. *sorun* treiben, jagen, pte. *sird*, dig. *surd*,
jarin, „ *joran* reden, „ *jird*, „ *jurd*, etc.

§ 14. *e*.

1) *e* = zd. *e*:

a) im Anlaut:

ead Sturm, zd. *vata*; *eafjäg* Frühling, zd. *vaäri*; *varin* regnen, zd. *varenti* es regnet; *eart'* Schild, zd. *veređra*, skr. *vartra*; *vafin* weben, skr. *vabh*; *vasin* wiehern, skr. *vāç*; *värdçä* Wachtel, skr. *vartikā*; dig. *väss* Kalb, skr. *vatsa*; *väriy* Lamm, np. *barra*; *vä* euer, euch, zd. *vō*, skr. *vas*; *värdon* Wagen, skr. *vartani*; *väz* Schwere, zd. *vaz*; *eĭzĭn* bewegen, skr. *rēga*; dig. *vinun*, tag. *unin* (aus *vinin*) sehen, zd. *vaçnami*; dig. *vidonä*, *idonä*, tag. *vidon*, *ridon* Zaum, zd. *aiwidana*; südoss. *vurz*, tag. *urs* Hengst, skr. *vrĕṣṇi*.

b) im Inlaut: *e* = *u* = zd. *v*:

avar T, *nawr* D (Sjögren), *nuar* Ss Ader, zd. *snavare*; *duar*, *dvar* Thür, zd. *dvar-em*; *nvög* T, *näväg* D neu, zd. *nava*; *avinjun* D, *aunjin* T hängen, np. *avëxtan*. Vgl. *yevä* D ein, *duvä* zwei.

2) *e* aus *p*:

välä auf, über = zd. *upairi* (aus *upari* wird *avar* (§ 30), *uväl*, *väl-*).

3) Iranisch *ea* (resp. *ea*) wird im Ossetischen zu *ea, vä, ä, eo, o, u, ū* unter Bedingungen, die noch nicht genügend klar erkannt sind.

a) dig. *va, vä* = tag. *va, vä* = iran. *va*, resp. *vā*, siehe oben § 14, 1.

In den hier angeführten Beispielen steht *va* und *vä* im Anlaut. Dazu vgl. *nivazun* D trinken M I, 92, 16 = *nvazin* T, *nuazän* Kelch Matth. 20, 22; *ivazäy* D Gast M I, 114, 6 = *vazäy* T M I, 30, 26; *rädfa* D darauf, *väd* T darauf, zd. *(a)vada*. Neben diesem anl. *vä* erscheint bei Sjögren und seltener bei Miller auch *vo* (*uo*) und *o*, vgl. *väng* D bis M I, 90, 2 v. u. = tag. *ong* Matth. 11, 12, *uong* Matth. 26, 29 und 58; 27, 8; *vängfä* D Glieder M I, 104, 8, tag. *vängfi* M I, 70, 5, aber *ong-mard* παραλυτικός Marc. 2, 3; tag. *vart'ä* neben *ort'ä* 'dort' = dig. *vort'ä* neben *ort'ä*, zd. *avađra*; tag. *värm* M I, 32, 9 Höhle, Loch = tag. *orm* Matth. 8, 20, etc.

b) dig. *rä* = tag. *o* (*o* nach *x*, *y*, *q*:
dig. *xcärä* Schwester = tag. *xo*,
dig. *xräzbär* besser M I, 98, 1 v. u. = tag. *xozbär*
Matth. 5, 29,
dig. *igcärdän* Wiese M I, 92, 6 = tag. *qordou* M I,
86, 13, aber *ngärdän* M I, 60, 27.
Vgl. *nigräron* D = *nigorja* T, *ixcäroson* D = *äxxor-*
sju T M II, 177.

c) dig. *ca* = tag. *o* nach *x* und *k*:
dig. *xcarz* gut = tag. *xorz*,
dig. *xcärzänxä* Güte M I, 100, 17 = tag. *xorzäx*,
dig. *xcagon* zerschlagen = tag. *xoin*,
dig. *xcasä* Gras = tag. *xos*,
dig. *krard* Menge (*krar* einige M I, 96, 26) = tag.
*kord*¹ M I, 76, 3,
dig. *sixror* Mittag M I, 98, 16 = tag. *sixor* Sch 79, 4.
dig. *äfcäkcuit* Kragen M I, 110, 25 = tag. *äfcäkot*
M I, 36, 20 (von *äfcäy* Hals M I, 56, 10, Sch 40, 2).

d) dig. *cä* = tag. *ä* nach *x*:
dig. *xcäçın* kämpfen M I, 92, 13 = tag. *xäçın* M I,
20, 23,
dig. *äxxrädäy* er selbst M I, 98, 5 v. u. = tag. *xädäy*,
dig: *rrärön* essen = tag. *xärın*,
dig. *bafxrärdt'a* er beleidigte M I, 92, 23 (über *a* für
ä vgl. M II, 177), tag. *bafxärön* werde beleidigen M I,
26, 19.

e) dig. *co* = tag. *ä*:
dig. *comi*, *omi* dort, *coi* dieses etc., tag. *am* dort, *äi*
dieses etc., vom Pronom. *co* D = *ä* T = zd. *ava*, dig.
comon, tag. *amjn* erbrechen, übel sein, impf. *amdt'on*, dig.
auch *andt'on*, zd. *vam*; *cosä* Frau M II, 33 (gen. *rösi* M I,
92, 12) = tag. *äs* (M I, 20, 6); *rod* Seele M I, 100, 11 =
tag. *äd*; *coläfjın* athmen = tag. *äläfjın*; *cozan* = tag. *äzin*
hin und her bewegen, schaukeln, etc. M II, 33 und 171.
Hierher auch *cräri* um M I, 94, 4 = tag. *cir*; *cors*, *ors* =
tag. *ärs* weiss (also nicht = zd. *aurusa*).

¹ Sjögren: *kvar* D Bande, Rotte, Menge = *kord* T.

f) dig. *o* = tag. *u* nach *x*:

xor D = *xür* T Sonne, zd. *hvare*, skr. *svar*; *xodun* D *xudju* T lachen, skr. *srad* Gefallen finden??

g) iran. -*ava*- in: *näväg* D neu = tag. *nvog*, auch *nog*, *noji* von neuem; tag. *väväg* leicht M I, 60. 18 = tag. *ruog* M I, 64, 1 v. u., Comp. *färögdär* leichter M I, 66, 3.

Unklar ist dig. *urax* = tag. *väräx* weit, dig. *usxi* (Sjögren) = tag. *växsg* Achsel.

Nach Fortunatow (bei M III) wird iran. *ra* vor Consonantengruppen im Dig. zu *ra* (*rvarz* gut), vor auslautendem *ä* aber zu *vä* (*xvärä* Schwester), wofür im Tag. *o* (*xorz* gut, *xo* Schwester) erscheint; dagegen wird iran. *va* in offener Silbe zu dig. *vä* (*xvädäg* selber), für welches im Tag. *ä* eintritt (*xädäg*); aus iran. *hva* (nicht *xva*) aber wird im Dig. *xo*, im Tag. *xä* (*xor* = *xür* Sonne).

§ 15. *k*.

anl. *k* = zd. skr. *k*:

ka D wer, zd. *ku*, *käd* wenn, zd. *kada*, *ku* als, zd. *kä*: *kark* Henne, zd. *kahrkas* Geier; *käron* Ende, zd. *karana*; *kalm* Schlange, skr. *krmi*; *känin* machen, zd. *kerenaoimi*; *kusin* arbeiten, np. *köšidan*; *käsin* anschauen, zd. *kas*: *käsťär* jünger, zd. *kasu*; *kard* Messer, zd. *kareta*; *kom* Wille, zd. *kama*; *kälin* sich ergiessen, skr. *kirati*; vgl. *kurm* blind, *käf* Fisch, *känin graben, np. *kandan*.

ausl. *k*:

kark Henne, zd. *kahrkas* Geier, np. *kark* Henne; *fink* Schaum, skr. *phēna*; *aik* Ei, np. *xāya*.

An Stelle dieses ausl. *k* wäre nach § 16: *g* zu erwarten.

§ 15ª. *k*.

Das kaukasische *k* findet sich bis jetzt nur in etymologisch dunkeln und in fremden Wörtern, weshalb auch *xusk* trocken (zd. *huška*) und *lisk* Nisse (pers. *rišk*) im Verdacht der Entlehnung stehen.

§ 16. *g*.

a) *g* nach Tönenden = zd. skr. *k*:

aurg Gift, zd. *maheka*; *st ng* Locke, skr. *stuka*; *sng* D Brennholz, skr. *çoka* Gluth; *jgür* Leber, zd. *yakare*; *üngar* Genosse, np. *hamkār*; *üngar* Haken, skr. *anka*; Suff. *äg*, *ag*, *ig* = zd. *-ka*.

g aus anl. *k* in Zusammensetzungen:

ürgünäg gewaltthätig, vgl. *käniu* machen; *ümgäron* angrenzend, vgl. *käron*; *ägad* Unehre, vgl. *kād* Ehre; *röjargäs* Wächter des Hauses, vgl. *käsin* anschauen; *ni-gänin* eingraben, *ni-kgönd* Keller, vgl. zd. *nikañta*. Vgl. M II, 97.

b) inl. *g* nach *n* = zd. *g*:

zängi Unterschenkel, zd. *zañga*; *oñ* T. *ioñ* D (d. i. *ong*, *iong*) Glied, skr. *añga*.

Unerklärt *dangi* D = *djengä* T Wind, *talingä* D, *taljng* T Finsterniss.

§ 17. *ç*.

a) anl. *ç* = zd. *ś*, *šy*, idg. *ky*:

çinu gehn, zd. *śaeaite*, skr. *çyavate*; *üngad* Ruhe, zd. *śaiti*, lat. *quies* (aus *kyeto*).

b) anl. *ç* = zd. *č*, skr. *č*, idg. *k*:

çueiu schlürfen, skr. *čam*; *ça-* was, zd. *ča*; *çaew* Oel, np. *čarb*; *çakr* Rad, zd. *čaxra*; *çad* See, Sumpf, zd. *čaiti*; *çärin* leben, zd. *čareiti*; *çäst* Auge, zd. *čašman*; *čippar* vier, zd. *čathwaro*; *çarm* Haut, skr. *čarman*.

Vor tag. *j* = dig. *i* (und tag. *i* = dig. *e*) erscheint tag. *ç* = dig. *č*, *ç*:

çj T, *çi*, *çj* D was für ein, zd. *či-*; *çjt* T, *çitä*, *çite* D Ehre, zd. *čiθa*.

Im Inlaut:

fiçin kochen, zd. *pač*. (Für *ç* wäre hier *j* zu erwarten, vgl. § 18 und M II, 81).

c) ausl. *ç* = *tí*? Vgl. *fissinç* = dig. *fusánçä* 3. p. pl. praes. = iran. *pausanti*. Man erwartet nach *u* auch hier *j* für *ç* zu finden. Dazu *čirç* T, *čirç* D spitz = zd. *tiγra*? vgl. § 18. b.

d) dunkel ist *ç* in:

ducin melken, np. *došīdan, doxtan*; *fit̄c̨ag* erste, np. *fic̨c̨*; *cärdc̨ä* Wachtel, skr. *vartikā* (Lehnwort?).
Ueber osset. *c* vgl. Lautsystem § 18.

§ 18. *j*.

a) *j* = zd. *j* (urspr. *g*), nach Tönenden auch = zd. *č*: *t'injin* ausdehnen, zd. *θaṅjayc̨iti*; *f̨inj* Nase, arm. *pinj*; *sij* anus, skr. *sphic̨än*, *sphijän*, vgl. *sphigī*; *sūjin* brennen, zd. *saočant*; *fonj* fünf, zd. *pañča*; *lijin* laufen, zd. *račay-*; *räjing* Fenster, zd. *raočana*; *ac̨injin* hängen, np. *ärēzam*. Ebenso in Compositis: *xujarm* Schweinshaut, *särjarm* Kopfhaut, *sägjarm* Hirschfell von *c̨arm*,[1] vgl. M II, 97.

b) tag. *j* = dig. *i* = zd. *ti*:
T *ssäj* = D *insäi* zwanzig, zd. *rīsaiti*; *nimäj* Zahl (Miller) aus *ni-māti* neben Sjögrens *nimud* D, *nimäd* T gezählt, Zahl aus *ni-māta*. Vgl. § 17: *c* aus *ti*.

Derselbe Wechsel zwischen tag. *j* und dig. *i* auch in tag. *kapkaj* dig. *kapkai* Kaukasus M I, 94, 2; 130, Nr. 155, M II, 40; *afäj* T, *afäi* D Jahr; *xulij* T, *xului* D Feuchtigkeit; *kuj* T, *kui* D Hund *f̨inj* T, *jinj*, *ji* D Nase. M II, 40.

c) *j* erscheint suffixartig nach *l* in:
mäljig Ameise, zd. *maoiri*, arm. *mrjiun*; *raljäg* Frühling, zd. *caūri*, np. *bahār*; *änguljä* Finger, skr. *aṅguri*, *aṅguli*; *ān̨aljann* D meinen, *ängäljan* T Hoffnung (?) M I, 106, 11. np. *angārdan*.

d) *j* soll = skr. *y* sein in *jäs* T, *josä* D Brühe, Salzsoole, skr. *yūṣa* Brühe? M II, 80. Unwahrscheinlich.

§ 19. Die Palatale.

Ossetisch *k* wird vor *i* oder *ē* im Dig. zu *k̄*, vgl. Lautsystem § 13.
„ „ „ „ *i* „ *i* „ Tag. „ *č* (*t'*), vgl. Lautsystem § 15 und 16[2].

---

[1] Drei andere Beispiele des Wechsels von anl. *j* und *c* bei M II, 79 Nr. 6.

[2] tag. *t'i* wer (Sjögren) = *c̨i* (Schiefner), *c̨i* (Miller), *c̨i* und *k̄i* im Dialect von Kamunt = zd. *kaye*?

Ossetisch *l* wird vor *i* oder *ē* im Dig. zu *k*, vgl. Lautsystem § 13.
„ „ „ „ *!* „ *i* „ Tag. „ *č*. „ „ § 17.
„ *g* „ „ *i* „ *ē* „ Dig. „ *ǵ*. „ „ § 13.
„ „ „ „ *!* „ *i* „ Tag. „ *j (ď)*, vgl. Lautsystem § 15 und 16.

Tag. *c* (= iran. *č* = idg. *k* vor *e, i*) = dig. *c*, aber vor *i, ē* *č, č̣*.
„ *j* (= iran. *j*, *ǰ* = idg. *g*, *ǵ* vor *e, i*) = „ *j*, „ „ „ „ *ǰ, ǰ*.
„ *č̣* = „ *č̣*, „ „ „ „ = *č̣, č̣*.
„ *s* (= iran. *s*, *š*) = „ *s*, „ „ „ „ *s, š*.
„ *z* (= iran. *z*) = „ *z*, „ „ „ „ *z, ž*.

§ 20. *t̓*.

a) *t̓* = zd. *t* im Anlaut und nach *r, s, f*:
t̓ärsįn sich fürchten, zd. *tǝrǝsaiti*; *t̓ärįn* treiben, skr. *tirati*; *t̓ärįn* Knabe, zd. *tauruna*; *t̓änäg* dünn, skr. *tanu*; *t̓agd* schnell, zd. *tač* laufen; *t̓aįn* thauen, ksl. *tajati*; *änt̓äf* Hitze, zd. *tap*; *tu* (= *t̓u*) Spucke, np. *tuf*; *t̓īr* Bergrücken, np. *tēr*; vgl. *t̓aljug* finster. In diesen Fällen hat auch Sjögren *t̓*.

st̓ug Locke, skr. *stuka*; *äst̓äg* Knochen, zd. *ast*; *st̓įr* gross, skr. *sthura*; *st̓urtä* (Sjögren) Vieh, zd. *staora*; *st̓aun* loben, zd. *staomi*; *bäst̓ä* Gegend (skr. *vastu*?); *ärsįst̓* geglüht (zd. *xusta*?), mäst̓ Galle, np. *mast*; *rast̓* recht, altp. *rasta*; *bast̓* Fessel, zd. *basta*; *ist̓un* D stehen, zd. *hištaiti*; *çäst̓* Auge, iran. *časti*; *ast̓* acht, zd. *ašta*; Comparativsuffix *-t̓är* = zd. *tara* : *käst̓är* jünger, zd. *kasu*. In diesen Fällen haben Sjögren und Rosen *t*.

st̓ aus *sč* in *fäst̓ä*, *sįst̓*, *mįst̓*.

südoss. *t̓aft̓* Hitze, np. *taft*; *aft* D (Sjögren) sieben, zd. *hapta*.

Hierher alle Participia perf. auf *t̓* — ursp. *ta* (nach *s, f, x*):
von *käsįn* : *kast̓*, *bät̓t̓įn* : *bast̓*, dig. *xinnun* : *xinst̓*, *säfįn* : *saft̓*, *ägafįn* : *ägaft̓*, *färįn* : *fast̓*, *fiçįn* : *fist̓*, *cajįn*: *cast̓* etc. M H, 184—185; K B S, 65 flg.

t̓ unregelmässig für *d* = zd. *d*:
t̓ärqus Hase — Lang-ohr, vgl. *darγ* lang „ zd. *darǝγa*.

b) *t* = zd. *θ*:

t̕ujin ausdehnen, zd. *θañjayeiti*; *fät̕än* Breite, zd. *paθana*; *färät̕* Axt, skr. *paraçu*; *cit̕* Ehre, zd. *čiθā*, *čiθi*; *vot̕ä* D so, zd. *avaθa*, *at̕ä* D so, zd. *aθa*; *mälät̕* Tod, zd. *mereθyu*; *firt̕* Sohn, zd. *puθra*; *ärt̕ä* drei, zd. *θrayō*; *urt̕* Flamme, zd. *ature* (gen. *āθrō*); *vart̕* Schild, zd. *vereθra*; *vart̕ä* dort, zd. *avaθra*; *firt̕on* D Vieh, skr. *prthuka*? Dazu das Suff. der 2. p. pl. praes. *t̕* (z. B. *çänt̕* ihr geht), zd. *θa*, skr. *tha*. Hier hat auch Sjögren *t̕*.

c) Für *nd* tritt öfter *dt̕*, *t̕t̕* ein: *bädt̕un* D, *bät̕t̕in* T binden, zd. *bañ-layeiti*, aber *bändän* T Strick;

sädt̕in brechen, zd. *sčiñdayeiti*;
kadt̕är kleiner, Comp. zu *kanäg*;
ändämä D draussen, *ät̕t̕ämä* T ausser, skr. *anta*, etc. vgl. § 36, 1.

d) Vereinzelt *dt̕*, *t̕t̕* = *d* oder *θ*?
dädt̕un D, *dät̕t̕in* T geben, zd. *dad-*, *daθ-*.

Bei Sjögren erscheint öfter für tag. *d* im Digorischen *dt̕*, *t̕*. cf. Sjögren p. 40.

§ 21. *t̕*.

stalị Stern, skr. zd. *star*.

So nach M II, Druckfehlerverzeichniss zu p. 81. Aber unter den wenigen Beispielen, die Miller p. 77 für das kaukasische *t̕* aufzuführen weiss, findet sich *stalị* nicht, wie es auch in Millers Texten nicht vorkommt!

§ 22. *d*.

a) *d* = zd. *d*, *δ*, skr. *d*, *dh*:

dämdag Zahn, zd. *-dañtan*; *don* Wasser, zd. *dânu*; *-don* Behälter, skr. *dhana*; *dvar* Thüre, zd. *dvar*; *darịn* halten, zd. *daragami*; *dard* fern, russ. *dalī*?; *dary* lange, zd. *dareγa*; *dvä* zwei, zd. *dva*; *dät̕t̕in* geben, zd. *dadā-*; *dücịn* melken, np. *dextan*; *däin* saugen, skr. *dhayami*; *davịn* stehlen, zd. *dab*; *dịmịn* wehen, skr. *dham* blasen; *dịmäg* Schwanz, zd. *dumu*; *ärdisịn* zeigen, zd. *daçsay-*; *däs* zehn, zd.

dasa; disson gestern Abend, zd. *daosa-tara* westlich; *daväs* Kleid, zd. *dereza; dätä* unten, zd. *aḋairi*.

sid Hunger, zd. *šuḋa; äfsaḋ* Heer, zd. *späḋa; särḋ* Sommer, zd. *sareḋa; fäḋ* Spur, zd. *paḋa; maḋäg* innere, zd. *maiḋya; mjḋ* Honig, zd. *maḋa; χūḋin* lachen, skr. *svad* (?); *χāḋ* Hut, zd. *χaoḋa; käḋ* wenn, zd. *kaḋa; üḋ* mit, zd. *haḋa; oḋ* Geschmack, lat. *odor; χūḋ* Schweiss, skr. *svēḋa; räḋ* darauf, zd. *araḋa; ruḋ* Ordnung, skr. *rudh?; urḋig* aufrecht, skr. *urdhva; ärḋäg* halb, zd. *areḋa; ejḋon* Zügel, zd. *ainiḋana; zärḋä* Herz, zd. *zareḋaya; mjzḋ* Lohn, zd. *mižḋa; bämḋän* Strick, *bjḋ* Band, skr. *bandha* Band; *bud* Weihrauch, zd. *baoiḋi; jaḋan* D spalten, arm. *hatanem*.

b > d — zd. *t*:

Im Anlaut nur:

du D, *dj* T du, zd. *tom*. — Woher hier *d* für *t*?

Im Inlaut nach Tönenden:

fjḋ Vater, zd. *pitar; örwaḋ* Verwandter, zd. *brātar; maḋ* Mutter, zd. *mātar; fjḋ* Fleisch, zd. *pitu; ejḋ* Gang, skr. *ēgati; caḋ* See, Sumpf, zd. *caiti; raḋ* Sturm, zd. *vata; χūḋäg* selber, zd. *χvato; änçaḋ* Ruhe, zd. *šaiti; säḋä* D hundert, zd. *sata; ämbjḋ* faul, zd. *pūiti; χīḋ* Brücke, zd. *haetu*.

ḋänḋay Zahn, zd. *-dantan; fänḋay* Weg, zd. *paṅtan* (idg. *p-nth*, vgl. skr. *path-*)[1]; *bärzonḋ* hoch, zd. *berezant; zäronḋ* alt, skr. *jarant; zonḋ* Kenntniss, aus *žanti*, vgl. *und* Anblick, *onaḋ* Erbrechen; *änḋär* andere, skr. *antara; änḋämä* D hinaus, skr. *anta*.

rärḋeči Wachtel, skr. *vartika; arḋ* Eid, ksl. *rota; ḱarḋ* Messer, zd. *kareta; cärḋon* Wagen, skr. *vartani; ämbjrḋ* Versammlung, zd. *-dereiti*, vgl. *çarḋ* Leben zu *çärja* leben; *marḋ* todt, zd. *mereta; sabḋ* Kälte, zd. *sareta*.

Comparativsuffix *där* nach Vocalen und Liquiden, zd. *tara; fjḋ-där* mehr, von *fjr* = zd. *pouru*.

Ebenso in Compositis:[2] *änḋäč* von *fjr* etc.

---

[1] Also idg. *ath* = iran. *at*, zd. *at*, osset. *ad*,
„ *sth* „ *st*, „ *st*, „ *st* (*st*).
aber sonst *th* „ *s*, „ *ṡ*, „ *t*.

[2] Aber *änḋäč* Hitze! Warum blieb hier *t*?

Nach Tönenden wird *st* meist zu *zd*, *ft* zu *wd*:

ayd Lende, zd. *haxti*; *t'ayd* schnell, np. *tåxton*, skr. *takta*; *awd* sieben, zd. *hapta*, np. *haft*; *st'awd* erhitzt, np. *taft*, skr. *tapta* (neben *aft* D bei Sjögren, *t'aft* bei Rosen).

Die Participia perf. auf *d* = ursp. *ta* nach Vocalen (*zad* von *zäin*, praeterit. *çaridī* von *çariu*), Nasalen (*zind* von *zonin*), Liquiden (*çard* von *çäriu*) sowie nach *z* und *r* siehe bei M II, 182—185 und Salemann, KB 8, 59 flg.

§ 23. *p*.

pp = zd. *ðr*, skr. *tv* in:

çippar (auch *çipbar*, *çippär* geschrieben) vier, zd. *čaϑwarō*, skr. *čatvaras*.

Ueber *p* und *p*, die selten und zwar in fremden oder etymologisch dunkeln Wörtern vorkommen, vgl. M II, 84.

§ 24. *b*.

a) *b* = zd. *b*, skr. *bh* (*b*), idg. *bh*:

bon Tag, zd. *banu*; *bät't'in* binden, zd. *bañdayeiti*; *bärzond*, hoch, zd. *berezant*; *baz* Kissen, zd. *barezis*; *bäz-jin* dick, zd. *bazō*; *bärz* Birke, skr. *bhūrja*; *bärz* Hals, zd. *bareša*; *bär* gelb, np. *bor*; *bin* Boden, zd. *buna*; *baräy* Reiter, zd. *bar* reiten; *bīrä* viel, zd. *baevare*; *bud* Weihrauch, zd. *baoiði*; *ämbird* Versammlung, zd. *ham-† -bereiti*; *ämbat* Genosse, np. *hambar*; *zämbin* Gähnen, skr. *jambha*.

b) *b* = zd. skr. *p*, idg. *p* nach Tönenden:

rubas = *rūwas* T, *robas* D Fuchs, skr. *lōpāça*; *äm--bīn* faulen, zd. *a-puyant*, skr. *pūyati*.

c) *b* = zd. skr. *v* = idg. *v* im Anlaut?:

bar Wille, skr. *vara?*; *-bin* Wald, zd. *vana*; *biin* winden, ksl. *viti*, skr. *va*; *bälus* Baum, zd. *varešu*; *bästä* Gegend, skr. *vastu?*; *birä* Wolf, zd. *vehrka?*

Diese Zusammenstellungen sind alle nicht sicher.

d) *b* = zd. *m* in:

bäznäy nackt, zd. *maynu?*

§ 25. x.

a) x = zd. x, skr. kh:

xūd Mütze, zd. xauda; xūräy Esel, zd. xara; xalon Krähe, sariqoh xoru?; uje Nagel, skr. nakha; ix Eis, zd. aexa; mix Pfahl, up. mex.

b) x = zd. x, skr. k (vor s und r):

äxsä? sechs, zd. xsvas; äxsist geglüht, zd. xusta?, äxsyr Milch, skr. kṣīra; äxsäw Nacht, zd. xsap; äxsinäy Taube, zd. axsayna; xaxsjtä Schultern,[1] skr. raksas; rūxs Licht, zd. raoxšna; sixx roth, zd. suxra; cūlx Rad, zd. caxra. Die Participia perf. auf xt = zd. xt (wie fixt gekocht) siehe bei M II, 184—185.

c) x aus und neben xv = zd. xv, skr. sv:

xomju einladen, zd. xvaem; xar Sonne, zd. hvare; xo (dig. xvärä) Schwester, zd. xvaühar; xid Schweiss, skr. sveda; xädüy selber (dig. xvädäy), zd. xvato; xudju lachen, skr. svad?; xärju (dig. xväran) essen, zd. xvar; xussju schlafen, zd. xvafs.

d) x = zd. h, skr. s:

xid Brücke, zd. haetu, skr. setu; xui Schwein, up. xuk, skr. sakara; xusk trocken, zd. huška (Lehnwort?); xaiu mähen, skr. sxegati (Wrzl. syu).

e) Vereinzelt:

x = altp. x, zd. skr. k:

max wir, altp. amaxam, zd. ahmakem, skr. asmakam; smax ihr, zd. gušmakem, skr. gušmakam. Dazu xäf Rotz, zd. kafa?; taxju fliegen, skr. tak?

x im Wechsel mit γ:

çix (Sj.) çiγ (M) spitz, zd. tiγra?

§ 26. g und γ.

a) tag. g = dig. γ = zd. g im Anlaut:

qusju hören, zd. gaoša; güläs Stimme, lit. girsas; qus Borste, zd. gaesa?; qarm warm, zd. garema; qau Dorf, got. gard?; qug Kuh, zd. gaus; gäiu? coire, up. galau; qür

[1] Bei Sjögren: axsk̄ xsqa D. Vgl. bei demselben: axsä T = skadt D.

² Aber dig. qäyyu mit g statt γ?

Geschrei, zd. *gar*; *gat-känin* weeken, zd. *gar*. — *g* = *ÿ*; aus *k*?: *aŋ́alun* D, *aŋ́aljn* T meinen (Sj.), np. *angārdan*, zd. *haṅkārayēmi*?

b) tag. *ÿ* = dig. *ÿ* = zd. *ÿ* im Inlaut (nach Vocalen, *r* und *l*):

vīÿin erschüttern, zd. *vaēÿa*; *mīÿ* Nebel, zd. *maēÿa*; *tīÿ* Bergrücken, np. *tēÿ*; *sāÿ* Ziege, skr. *ćhāga*; *bāÿnāg* nackt, zd. *maÿna*?; *çiÿ* spitz, zd. *tiÿra*?; *arÿ* Preis, skr. *argha*; *marÿ* Vogel, zd. *mereÿa*; *darÿ* lang, zd. *dareÿa*; *alÿ* Spitze, zd. *an-aÿra*. Dazu *zÿar* Panzer, afgh. *zÿarah*; *maÿz* Gehirn, zd. *mazga*, np. *maÿz* (entlehnt?).

c) *ÿd* = zd. *xt*:

aÿd Lende, zd. *haxti*; *taÿd* schnell, skr. *takta*, np. *tāxtan*. Dazu *suÿzärinā* Gold, aus *suÿd-zärinā, zd. *suxta*.

d) Ausl. *ÿ* = zd. *k*??

bīrāÿ Wolf, zd. *vehrka*; *āwraÿ* Wolke, zd. *awra*?? Beides ganz unsicher.

Vereinzelt: tag. *g* = zd. *k*?

gutTag That aus *kond-ag*, vgl. p. 43.

§ 27. *s*.

a) *s* = zd. *s*, skr. *ç*:

säld Kälte, zd. *sareta*; *sau* schwarz, zd. *syāva*; *sājin* brennen, zd. *saočant*; *sizÿārīn* Gold, zd. *suxta* + *zaranya*; *sädä* D hundert, zd. *sata*; *sirx* roth, zd. *suxra*; *särd* Sommer, zd. *sareda*; *sör* Haupt, zd. *saraṅh*; *säftāg* Huf, zd. *safa*; *ssāj* T, *insäi* D zwanzig, zd. *visaiti*; *yäfs* Stute, zd. *aspa*; *fissin* schreiben, altp. *ni-pis*; *fars* Seite, zd. *peresu*; *fiss* Schaf, zd. *pasu*; *ürdisin* weisen, zd. *daçsay-*; *däs* zehn, zd. *dasa*; *käsťär* jünger, zd. *kasu*; *käsin* anschauen, zd. *kas*; *gis* Borste, zd. *gaçsa*?; *vasin* wiehern, skr. *vaç*; *rūbas* Fuchs, skr. *lōpāça*.

b) *s* = zd. *s*, skr. *ćh*:

sāÿ Ziege, skr. *ćhaga*; *färsin* fragen, zd. *peresaiti*, skr. *prččhati*; *tärsin* sich fürchten, zd. *teresaiti*; *xussin* schlafen, zd. *xvafs*?

c) *s* = zd. *s*, skr. *s*, *ts*:

sťaun loben, zd. *staomi*; *sturťä* Vieh, zd. *staora*; *sťir* gross, skr. *sthura*; *stäg* Knochen, zd. *ast*; *stalį* Stern, zd. *star*; *stug* Locke, skr. *stuka*; *bästä* Gegend, skr. *ratstu?*; *jästä* nach, zd. *pasća*; *sij* Gesäss, skr. *sphijau*; *sist* Laus, zd. *spiš?*; *cäss* D Kalb, skr. *ratsa*; *s-* Präfix, zd. *us*.

d) *st* = zd. *st*, skr. *tt*, *ddh*:
rast recht, altp. *rasta*, skr. *raddha*; *mäst* Galle, np. *mast*, skr. *matta (?)*; *bast* Fessel, zd. *basta* gefesselt, skr. *baddha*.

e) *fs* = zd. *sp*, arisch —?:
äfsad Heer, zd. *spāđa*; *äfsän* Eisen, afgh. *ospanah*.
Vgl. aber *sist* Laus, zd. *spiš?*; *sij* Gesäss, skr. *sphijau*. Vereinzelt: *s* = *ss* = *sts* § 36, e.

f) *s* = zd. *š*, skr. *ṣ* = ursp. *s*:
smax ihr, euch, zd. *yūšmākem*; *disson* gestern Abend, zd. *daoša-tara*; *istun* D stehen, zd. *hištaiti*; *kasįn* arbeiten, np. *košidan*; *änuson* ewig, zd. *anaoša*; *xusk* trocken, zd. *huška* (Lehnwort?); *gasįn* hören, zd. *gaoša*; *sist* Laus, zd. *spiš?*; *mist* Maus, skr. *mūš*[1]; *urs* Hengst, zd. *caršni*; *gälūs* Stimme, lit. *gàrsas*. Ueber *lisk* vgl. p. 46.

g) *xs* = zd. *xš*, skr. *kṣ*, idg. *ks*; *fs* = zd. *fš*:
äxsäw Nacht, zd. *xšap*; *äxsäz* sechs, zd. *xšvaš*; *cäxsjitä* Achseln, skr. *rakṣas*; *rūxs* Licht, zd. *raoxšna*; *äxsįr* Milch, skr. *kšira*; *äxsist* geglüht, zd. *xšusta?*; *äxsināg* Taube, zd. *axšaęna*; *äfsärm* Scham, zd. *fšarema*.

h) *s* = zd. skr. *š*, ursp. *k*[1] vor *t*:
ast acht, zd. *ašta*, skr. *aṣṭāu*. Hierher mehrere Participia auf *st*, deren Praesentia *s* oder *z* zeigen.

i) *s* = zd. *š*, skr. *kṣ*, idg. *k*[1]*s*:
sįd Hunger, zd. *šuđa*, skr. *kṣudh*; *urs* Bär, zd. *areša*, skr. *rkṣa*; *bäbas* Baum, zd. *vareša*, skr. *vrkṣa*; *cäst* Auge, zd. *ćašman*, ursp. *ćak*[1]*sti?*

k) *s* neben *z* = iran. *z*:
bärs (Sjögren) = *bärz* (Miller) Birke, ksl. *brëza*; *bas-dįn* (Sj.) = *bäz-jin* (M) dick, zd. *bazō*; *daräs* Kleid, zd. *dereza*, np. *darz*.

Für *s* erscheint *ss* in: *ssäj* T zwanzig; *fissįn* T schreiben; *fiss* T = *fuss* D (bei Sjögren) Schaf; *disson*

---

[1] Ueber *nos-tä* und *ängost* vgl. oben die Etymologie p. 52 und 22.

gestern Abend: *χussin* T (bei Sjögren) hören; *cäss* D Kalb; *xussin* schlafen.

Vgl. darüber § 36.

§ 28. *z*.

a) *z* = zd. *z*, skr. *j*, *h*, idg. *g¹*, *g¹h*:

zämbin Gähnen, skr. *jambha*; *zimäg* Winter, zd. *zima*; *zäldä* niedriges Gras, ksl. *zelo*; *zain* bleiben, skr. *hā*; *zärdä* Herz, zd. *zarəδaya*; *zγär* Panzer, afgh. *zγarah*; *zängä* Unterschenkel, zd. *zaṅγa*; *zäx* Erde, zd. *zå*; *bärzond* hoch, zd. *berezant*; *zarin* singen, skr. *jar*; *zärond* alt, np. *zar* Greis, skr. *jarant*; *zinon* gestern, skr. *hyas*; *zonin* wissen, zd. *zan*; *zänäg* Kind, zd. *zan*; *suz-zärinä* D Gold, zd. *zaranya*; *äwzär* schlecht, zd. *zbar*, skr. *hvar?*; *arazin* richten, zd. *rāzayeiti*; *cäz* Schwere, zd. *caz*; *baz* Kissen, zd. *barəziš*; *äz* ich, zd. *azem*; *ärzay* Zunge, zd. *hizra*; *mīzin* harnen, zd. *maẽzaiti*; *märzin* fegen, zd. *marəzaiti*; *bäz-jin* dick, zd. *bazō*; *bärz* Birke, skr. *bhūrja*.

Fraglich: *fäzzäg* Herbst, pz. *padēz?*

b) *z* = zd. *z*, *ž*, idg. *z*:

mizd Lohn, zd. *mīžda*; *mayz* Gehirn, zd. *mazya*.

c) *z* vereinzelt = zd. *š* (nach Tönenden):

ärsäz sechs, zd. *xšvaš*; *bärz* Hals, zd. *barəša*; *südosset*. *curz* = tag. *urs* Hengst, zd. *aršni*; *arazin* trinken, np. *nōšīdan?*; *raz-mä* vorne, zd. *fraš*, *fraša?*

§ 29. *f*.

a) *f* = zd. skr. *p* im Anlaut:

fid Vater, zd. *pitar*; *fid* Fleisch, zd. *pitu*; *fiw* Fett, zd. *pivanh*; *ficin* kochen, zd. *pač*; *fis* Schaf, zd. *pasu*; *fiṯcag* erste, np. *peš?*; *fäzzäg* Herbst, pz. *padēz?*; *fästä* nach, zd. *pascā*; *fäd* Spur, zd. *pada*; *fälä* aber, skr. *param*; *firt* Sohn, zd. *puθra*; *fars* Seite, zd. *parəsu*; *färsin* fragen, zd. *perəsaiti*; *färät* Axt, skr. *paraçu*; *far-* (in *far-ast* acht), skr. *paras*; *fal-* in *falwäre* (Sjögren), zd. *para*, skr. *pura*; *fir-* viel, zd. *pouru*; *faron* im vorigen Jahre, skr. *parut*; *fink* Schaum, skr. *phēna*; *fäṯän* Breite, zd. *paθana*; *fissin* schreiben, altp. *ni-pis*; *fänday* Weg, zd. *paṅtan*; *firton* D Vieh, gr. πόρτις?;

fūrū Erle, ahd. *fēlawa*; *fadan* D spalten, arm. *hat-anem*; *fiag* hölzerne Schaufel, waxī *pīĩ?*; *fonj* fünf, zd. *panča*; *finj* Nase, arm. *pinj*; *fa-* Präfix, zd. *paiti*; *fänd* Rath, np. *pand*.

b) *f* = (iran. *f*), skr. *ph*:
fink Schaum, skr. *phēna*; *rūf* Rotz, Schleim, zd. *kafa*, skr. *kapha?*; *sāf* (? *sāfčag*) Huf, zd. *safa*, skr. *capha*.

c) *fs* = zd. *sp*:
yōfs Stute, zd. *aspa*; *āfsad* Heer, zd. *spada*; *āfsin* Eisen, afgh. *ospanah*.
Vereinzelt: *fs* = zd. *fs*: *çafsan* D brennen, zd. *tafs??*.
fs — zd. *fš*: *āfsärm* Scham, zd. *fšarema*.

d) *ft* — zd. skr. *pt*, pers. *ft*:
taft (Ss) Hitze, skr. *tapta*, np. *taft*; *aft* D (Sjögren) *awd* D, T (Miller) sieben, zd. *hapta*, np. *haft*.

e) *f* = skr. *bh*, *p* im Inlaut (für *w*):
cafin weben, skr. *vabh*, np. *baftan*; *ärfig* Augenbraue, skr. *bhru*, np. *abru*; *gafin* einholen, np. *gab-am*; *naffā*[1] D Nabel, skr. *nabhi*, np. *naf*. — *kāf* gesalzener Fisch, yidghah *kop* Fisch?

Partikel *āf-* vor tonlosen Consonanten für *āw* = zd. *apa*.

§ 30. *w*.

a) *w* = zd. *p*, skr. *p* nach Tönenden:
äxsāw Nacht, zd. *xšap*, skr. *kšap*; *fā-tawin* betrügen, skr. *rip*; *tawin* wärmen, skr. *tap*; *rāwus* = *robus* T, *robus* D Fuchs, skr. *lopaça*; *carw* Oel, np. *čarb* (älter *čarp*), Partik. *āw-* = zd. skr. *apa*.

b) *w* = zd. *b*, *w*, skr. *bh* nach Tönenden:
arw Himmel, zd. *awra*, skr. *abhra*; *ārwad* Verwandter, zd. *bratar*, skr. *bhratar*; *dawin* stehlen, zd. *dab*, skr. *dabh.*
Partikel *āw-* auch — zd. *aiwi?*

c) *wd* aus *ft*:
awd T, D nach Miller, *awd* T, *aft* D nach Sjögren, sieben, zd. *hapta*, np. *haft*; *tawd* erhitzt (Seh), np. *taft*. Dazu *sawd* neben *saft* von *safin*; *kawd* neben *kaft* von *kafin*.

[1] Steht *f* in *cafin* und *naffā* für iran. *f* = urspr. *ph* (§ 29, b)?
[2] Ueber *iwaz* ein Maass, vgl. oben p. 40—41.

dawd von *dawin*, *çawd* neben *çaft'* von *çāwin*, *kuwd* von
kāwin M II, 185. Vgl. *irs* aus *fs* in *sărgăws* (Sch) Maulesel neben *yăfs* Stute.

d) *w* = skr. *v*:

ăwzag Zunge, zd. *hizva*, skr. *jihvā*; *ăwzăr* schlecht,
zd. *zbar*, skr. *hvar?*; *fărw* T, *fărvă* D Erle, ahd. *felawa*;
fiw T, *fiu* D Fett, zd. *picuăh*.

e) *w* aus *f* nach Tönenden: *ăwăsmon* aus *ă* + *făsmon*
Sch 13, 114, *fidiwănday* schlechter Weg M I, 52, 13, *eărdónwămlagul* auf dem Wagenwege M I, 84, 8, *eălwămlagmă* auf
den Weg. 'seitwärts vom Weg' Sch 83, 7. von *fănday* Weg.

§ 31. *n*.

n = zd. skr. *n*:

nir nun, zd. *nūrem*; *narăy* schmal, afgh. *narai*; *nvoy* T,
năväy D neu. zd. *nava*; *nă* nicht, skr. *na*; *nă* uns, zd. *nō*;
naffă Nebel, skr. *nābhi*; *nudäs* neunzehn, zd. *navadasa*; *nom*
Name, zd. *naman*; *ni-* nieder, zd. *ni-*; *nix* Nagel, skr. *nakha*;
năl Mäunchen, zd. *nar*; *near* Ader, zd. *snăvare*; *naïn* baden,
zd. *snayeitē*; *finj* Nase, arm. *pinj*; *fonj* fünf, zd. *pañca*;
linjin ausdehnen, zd. *θañjayeiti*; *zănăy* Kind, zd. *zan*; *innă*
andere, zd. *anya*; *ărsinăy* Taube, zd. *axšaena*; *ăfsän* Eisen,
afgh. *ōspanah*; *ănă* ohne, gr. *ărv?*; *ămusou* ewig, zd. *anaoša*;
tănăy dünn. skr. *tanu*; *kănin* machen, zd. *kerenaoimi*; *zonin*
wissen, zd. *zan*; *ronin* rufen, zd. *swan*; *nuin* sehen, zd.
raɉnămi; *băɉnăy* nackt, zd. *maɉna?*; *dănday* Zahn, zd. *-dañtan*;
fănday Weg, zd. *pañtan*; *zărond* alt, skr. *jarant*; *bărzond* hoch,
zd. *berezant*; *fănd* Rath, np. *pand*; *ăndăr* D ausser, *ăndăra* T
sonst, skr. *antara*; *ăndămă* D hinaus, skr. *anta*; *jinssau* D
schreiben, skr. *picati*, vgl. *urnin* T glauben, *annjin* T hängen,
mit präsensstammbildendem *n*; *insäi* D zwanzig, skr. *vicati*;
kăron Ende, zd. *karana*; *tărin* Knabe, zd. *tauruna*; *eărdon*
Wagen, np. *gardōn*; *suɉ-zărină* Gold, zd. *zaranya*; *fătăn*
Breite, zd. *paθana*; *măn* meiner, zd. *mana*; *bon* Tag, zd.
banu; *don* Wasser, zd. *danu*; *don* Behälter, skr. *dhāna*;
ridon Zügel, zd. *airidănu*; *bin* unter, Boden, zd. *buna*; *-bin*
Wald, zd. *vanā* (?); *raton* Krähe, sariqoli *xēru?*.

n aus *m* vor den Dentalen *t*, *s*, *ç*:

än in *änt'äj* Hitze, *änçad* Ruhe u. s. w. — *äm* in *äm.ruzän* gleichartig u. s. w.; zd. *ham-*, *haü-*, skr. *sam*, vgl. p. 19. Dieses *äm* erhält sich im Tag, da, wo seine Bedeutung noch gefühlt wird; wo das nicht der Fall ist, geht es vor Dentalen und Gutturalen (vgl. *änyom* friedlich) in *n* (*ñ*) über. Im Dig. finde ich *än* für *äm* in *änsuwär* Bruder (p. 19), *änxät'inä* Raubgenosse, *änbadinä* zusammensitzend (M 1, 114, 11).

Für *ng*, *nk* schreibt Sjögren *ñ*, Miller *ng*, *nk*: *añgalin* (Sj.), *ängülin* (M) meinen, np. *angırdan*, zd. *hañkərağəmi?*; *añulje* D (Sj.), *änguljä* D (M) Finger, skr. *añguri*, *añguli*; *ioñ* D, *oñ* T (Sj.) Glied, skr. *añga?*; *änar* D (Sj.), *ängar* D (M) Gefährte, np. *hamkär*; *fink* T (M) Schaum, skr. *phena*; *zängä* (M) Unterschenkel, zd. *zañga*; *ängur* (M) Haken, skr. *añka*.

Vgl. *duñe* D (Sj.), *dungä* D (M) = *djngä* T (Sj.), *djngä* T (M) Wind.

n im Auslaut aus *m* im Dig.:

dig. *non* (tag. *nom*) Name, aber pl. *nämt'tä*.

dig. *fins-än* wir schreiben, tag. *fjss-äm*, suff. d. 1. p. pl. *än* = urspr. *mah* oder *ma*. Vgl. oben dig. *än* = tag. *äm* = zd. *ham*, *hama*.

§ 32. *m*.

m = zd. skr. *m*:

män meiner, zd. *mana*; *mäljig* Ameise, zd. *maoiri*; *mjd* Honig, zd. *madu*; *mjst* Maus, skr. *mûs*; *mjzd* Lohn, zd. *mizda*; *mad* Mutter, zd. *matar*; *mäst* Galle, np. *mast?*; *ma* nicht, zd. *ma*; *max* wir, uns, zd. *ahmakem*; *maxg* Gehirn, zd. *mazga*; *mix* Pfahl, np. *mex*; *mizin* harnen, zd. *maezaiti*; *a-mäin* erbauen, skr. *ma*; *miγ* Nebel, zd. *maeγa*; *midäy* innere, zd. *maidya*; *maü* Mond, zd. *maåh*; *mätät* Tod, zd. *mereθyu*; *marγ* Vogel, zd. *mereγa*; *märzin* fegen, zd. *marezaiti*; *djnjn* wehen, skr. *dham*; *çinjn* schlürfen, skr. *çam*; *djmäγ* Schwanz, zd. *duma*; *smax* ihr, euch, zd. *yusmakem*; *zjmäγ* Winter, zd. *zima*; *zömbin* Gähnen, skr. *jambha*; *roman* D sich erbrechen, zd. *ram*; *am* hier, zd. *ahmya*; *aromjn* hemmen, zd. *........*; *äm* zusammen, zd. *ham*; *nom* Name, zd. *naman*; *kam* Wille, zd. *kama*; *kalm* Schlange, skr. *krmi*; *arm* hohle Hand, zd. *arema*; *çarm* Haut, skr. *carman*; *garm* warm, zd. *garema*; *äfsärm* Scham, zd. *fsarema*.

§ 33. r.

r = zd. skr. r:

rast recht, altp. rāsta; rad Ordnung, Reihe, skr. rādh sich passend fügen; rāin bellen, skr. rā; raxs Licht, zd. raoxšna; rūbas Fuchs, np. rōbāh, skr. lopāçu; razāi von vorne, zd. fraš, skr. prāñč; arazin regieren, zd. razay̨iti; āromin zurückhalten, zd. ramay̨iti; ārwad Verwandter, zd. brātar; marin morden, skr. marayati, mard todt, zd. mereta, marg Gift, zd. mahrka; arw Himmel, zd. awra; fārw Erle, ahd. felawa; ärfig Augenbraue, np. abrū, skr. bhrū; urdig aufrecht, skr. ūrdhva; rārig Lamm, np. barra, skr. araṇa; ämbird Sammlung, zd. ham + bereiti; sizyārīn Gold, zd. zaranya; firt Sohn, zd. puθra; sirx roth, zd. suxra; çirx spitz, zd. tiγra?; firton D Vieh, gr. πορτις?; ārtā drei, zd. θrāyō; art Flamme, zd. ātare; zart Schild, zd. zereθra; cortā D dort, zd. araθra; ťārāx geräumig, zd. couru?; rārdon Wagen, np. gurdūn; xārin essen, zd. swaraiti; urs Hengst, zd. aršni; rārdçā Wachtel, skr. vartikā; rarin regnen, zd. vareiti; bīrā; Wolf, zd. vehrka?; marγ Vogel, zd. mereγa; fars Seite, zd. peresu; darγ lange, zd. dareγa; arm hohle Hand, zd. arema; äfsārm Scham, zd. fšarema; ars Bär, zd. areša; arγ Preis, Werth, skr. argha; ard Eid, arm. erdumn; Kark Henne, zd. kahrkās Geier; çarw Oel, Butter, np. čarb; darin halten, zd. dārayāmi; narāg schmal, afgh. narai; barāg Reiter, zd. bar reiten; ārdāg halb, zd. areδa; zarond alt, skr. jarant; mārzin fegen, zd. marezaiti; ťārin treiben, skr. tirati; çārin leben, zd. čaraiti; zarin singen, skr. jar; Kārdin schneiden, zd. keret, Kard Messer, zd. kareta; fārsin sich fürchten, zd. teresaiti; fārsin fragen, zd. peresaiti; būrz Hals, zd. bareša; būrz Birke, skr. bhūrja; sārd Sommer, zd. sareδa; zārdā Herz, zd. zaredaya; darās Kleid, zd. dereza; urujn glauben, zd. rar; Kāron Ende, zd. karana; bārzond hoch, zd. berezant; xārāg Esel, zd. xara; fārāt Beil, skr. paraçu; faron im vorigen Jahre, np. pār; Kārin Knabe, zd. tauruna; çarm Haut, skr. čarman; fir in far-ast neun = über acht, skr. paras; fir- viel, zd. pouru; stir gross, skr. sthūra; ārzār schlecht, zd. zbar, skr. hvar?; çippar vier, zd. čaθwārō; nir nun, zd. nūrem; āssir Milch,

skr. *ksara*; *vrärä* D Schwester, zd. *xwahar*; *xor* Sonne, zd.
hvare; *bīrä* viel, zd. *bǝ̄vrare*; *qur* Kehle, zd. *yaraüh*; *sturfā*
Vieh, zd. *staora*; *būr* gelb, np. *bōr*; *sär* Haupt, Kopf, zd.
saraüh; *zjär* Panzer, afgh. *zjaruh*; *qär* Geschrei, zd. *yar*;
Comparat. Suff. *-där*, zd. *tara*; *ändär* ausser, skr. *antara*;
ängar Gefährte, np. *hamkar*; *garm* warm, zd. *garema*; *bar*
Wille, skr. *vara*; *ir* Osseten, zd. *airya*; *igär* Leber, zd.
yakare; *nvar* Ader, zd. *snāvare*; *dvar* Thüre, zd. *dvarem*.

§ 34. *l*.

l = zd. skr. *r*:
fä-lavjn betrügen, np. *firēb* Betrug, skr. *rip*; *līj̱n* fliehen,
zd. *raečay-*, skr. *rič*; *lisk* Nisse, np. *risk*; *lin* cacare, zd. *iri*,
np. *ralan*; *mäljig* Ameise, zd. *maoiri*; *stalj* Stern, zd. skr.
star; *mälät* Tod, zd. *merexyu*, *mäljn* sterben,[1] zd. *mereyeitē*;
gäläs Stimme, lit. *gǫ̃rsas*; *bälas* Baum, zd. *vareša*; *zäldä*
niedriges Gras, ksl. *zelo*; *fälä* aber, skr. *param*; *näl* Männchen,
zd. *nar*; *sald* Kälte, zd. *sareta* kalt; *xalon* Krähe, sariqolī
xērn; *ämbal* Genosse, np. *hambar*; *valx* Rad, zd. *čaxra*; *qal-
kānia* wecken, zd. skr. *gar*; *alj* jeder, zd. *haurva*?; *kalm*
Schlange, np. *kirim* Wurm, skr. *krmi*; *välä* auf, über, zd.
upairi; *dälä* unten, zd. *aδairi*; *mäljig* Ameise, zd. *maoiri*;
valjäg Frühling, zd. *vaŋri*; *ängutjä* D Finger, skr. *aŋguri*,
aŋguli; *äŋpäljn* meinen, np. *angārdan*; *taljng* Finsterniss,
zd. *tajθra*?; *kaljn* ausgiessen, skr. *kirati*.

r zu *l* vor flg. *r*:
stjldär T = *sturdär* D grösser, von *stjr* gross, skr.
sthūra, *sthūla*, (aber auch *stjrdär*); *fjldär* T, *fuldar* D mehr,
von *fjr-* T, *fur-* D — zd. *pouru*, skr. *puru* viel; *falarare* D
(Sjögren) im vorvorigen Jahre, aus *far-fāre*, von *far* =
zd. *para*, *parō* vor; *fal-dōr* weiter, vgl. *far-ast* neun (p. 64).

Vgl. *ardar* D = *aldar* Oberhaupt (Sjögren); dig. *xurf*
Bauch (M I, 112, 8) = tag. *xulf* Rumpf (M I, 22, 14)?

In der Flexion erscheint *l* (= ursp. *r*) in
fjd T: pl. *fjdältä*, *fjdältä*,
fidä D: „ *fidältä*, zd. skr. *pitar* Vater;
mad T: „ *madältä*, *madtältä*,

---

[1] Vgl. bei Sjögren: *anä-malgn* D, *anä-mätgn* T unsterblich.

madä D: pl. *madältä*, zd. skr. *matar* Mutter;
ärwad: „ *ärwadältä, ärwadtältä* D, zd. *brātar* Bruder.
Nach diesen scheinen gebildet:
äs Frau: pl. *āstältä* neben *āstitä*¹,
dig. *vosä* Frau: „ *vostältä* „ *vostitä*,
dig. {*nostä*
{*novostä*: „ *nostältä* M II, 122 – 123.

§ 35. Umstellung.

a) *rt* = zd. *ϑr*:
ärtä drei, zd. *ϑrayō*; *art* Flamme, zd. *ātare*, gen. *āϑrō*;
vortä dort, zd. *avaϑra*; *firt* Sohn, zd. *puϑra*. Daher auch
vart Schild für *varrt = zd. *vereϑra*.

b) *lx, lγ, rx, rγ* = zd. *xr, γr*:
ċalx Rad, zd. *ċaxra*; *ulγ* Spitze, zd. *ау-аγra*; *sirx* roth,
zd. *suxra*; *ċirγ* scharf, zd. *tiγra* (?).

c) *rw, rf* = zd. *wr, br*:
arw Himmel, zd. *awra*; *ärwad* Verwandter, zd. *brātar*;
ärfig Augenbraue, skr. *bhrū*.

d) *wz* = zd. *zv, zb*:
ärzay Zunge, zd. *hizva*; *äwzär* schlecht, zd. *zbar?*.

e) *fs* = zd. *sp*:
yäfs Stute, zd. *aspa*; *äfsad* Heer, zd. *spāḋa*; *äfsän*
Eisen, afgh. *ōspanah*.

f) *γz* = zd. *zγ*:
maγz Gehirn, zd. *mazγa*.

g) tag. *zγ* = dig. *γz*:
sizγärīn T = *suγzärīnä* D Gold, aus *suγd* + *zärinä*.

h) Epenthese von *i* bei Wörtern auf *u, m, r, l, v*,
wenn die Suffixe *iag* und *iad* (dig. *iadä*)² antreten:
äfsäiniag eisern von *äfsän* Eisen + suff. *iag*, M II, 61,
xūdiniag T Schande M I, 16, 9 v. u. *xodainiag* D Scham,
schändlich, Sjögren, von *xūdin* T, *xodīn* D lachen.
vārīniag zu theilen M I, 66, 4 von *varin* theilen.

---

¹ Nur diese Form ist mir bekannt und findet sich häufiger in den Texten.

² In dieser Form kommen die Suffixe freilich nirgends in den Texten vor.

särjimaq Speise (das zu essende) M I, 50, 3 = *säримaq* Matth. 24, 48 von *särin* essen.

asurgänimäq (Neues Test.) Schüler (= der zu lehren ist) von *asurgänin* lehren (pte. fut. pass.).

arjimaq schwanger (= die gebären wird) M I, 78, 5 von *arin*.

ärçärimaq der da kommen soll Matth. 11, 3 von *är-çänn* kommen (pte. fut. act.).

bulkoimaq = *bulkoniaq* tauglich zum Obersten (*bulkon* = russ. *polkownikn*).

limainach (Sjögren) D Bekanntschaft von *limän* D Bekannter. Suff. *indä*.

fänjäimaq D der fünfte = *fäujäm* T. etc. M II, 161.

säjairaq des Hauses Matth. 10, 6 von *säjar* Haus.

säiraq Speise M I, 60, 23 (*sor* heisst gewöhnlich Getreide).

bazairaq auf den Markt bezüglich M II, 98 von *bazar* Markt (Fremdwort).

äldairadä D die Autorität M II, 98 von *äldar* Oberhaupt.

subuiradä D Bescheidenheit M II, 98 von *subur* bescheiden (Fremdwort).[1]

gailaq von *gal* Ochs M II, 98.

nozzairade D (Sjögren) Schwere von *nozzau* schwer.

Dunkel ist das Verhältniss der dig. Endung *oinä* (*on-iä*?) zu dem entsprechenden tag. *oi*:

änçoinä D Ruhe, ruhig = *änçoi* T. vgl. *änçou* bequem.

zängoinä D Schuh = *zängoi* T. vgl. *zängä* Fuss. etc. M II, 39.

i) Vertauschung getrennter Consonanten: *äfsimär* T Bruder (durch *ärsimär*) aus *ämsimär* (p. 19—20); *qalaur* Wachtposten (Fremdwort) aus *garaul* (p. 127).

§ 36. Vereinfachung von Lautgruppen.

a) *pp* aus iran. *ðw*:

çippar vier, zd. *čaðwaro*.

b) *ss* aus iran. *fs*:

vassin schlafen, zd. *xwafs*, np. *xuspidan*.

[1] Zur Epenthese bei *r* vgl. auch *Moirämbon* Freitag für *Morgämbon* Marien-tag.

c) ss aus urspr. ts = zd. s und aus sc = sts:

cäss Kalb, skr. vatsa; ssidi er begab sich Sch 75, 14, ärésin Matth. 5, 1 = s + cidi, dig. issudäi M I, 108, 7; cässig M I, 26, 11 = cäsig M I, 106, 6 aus cäst Auge + sig Thräne, vgl. cästisigtä Thränen M I, 74, 16. Dazu wohl sädtin brechen (für ssädtin) aus *scand, zd. sciñdayeiti.

d) nn aus ny:

innä andere, zd. anya; xunnun (dig.) aus scan + ya = tag. xninin¹ (mit Epenthese, vgl. § 35, h) heissen, vgl. xonin nennen.

e) st aus sc = sts:

fästä² nach, zd. pascu; vgl. mist Maus, sist Laus. — istämän (dat.) zu etwas M I, 64, 10 aus is + cämän; isti irgend etwas aus is + ci, dig. yésti M I, 94, 24.

f) dt aus jd (= dzd); tj (tdz) aus cj (tsdz):

findtäs fünfzehn aus fonj fünf + däs zehn; xätjinän ich werde kämpfen aus xäc-jinän M I, 42, 2—4 v. u.

g) sk = stk:

caskom (cäsgom) Gesicht aus cäst + kom?

h) yz aus ydz:

suyzärinä golden aus suzd + zärinä.

i) q aus yq:

tärqäs Hase aus dary + qäs.

k) r aus gr:

fändarast glücklichen Weg! aus fänday + rast.

l) n wird assimilirt (meist nur im tag. Dialect):

1) nd (iran. nd) = dt, tt:

sädtin brechen, zd. sciñdayeiti zerbricht, bädtun D, bättin T binden, zd. bañdayeiti (aber bändän Strick).

2) nd (iran. nt) = dt, tt (ausser im Auslaut):

ättämä T hinaus, zd. añta (aber dig. mit nd: ändämä); kadtär kleiner, Comp. zu kanäy. Dazu die Praeterita: zidtun von zonin wissen (pte. zind), kadtun von känin (pte. kond), vgl. gulluy That, amidton von amonin (pte. amind)

---

[1] xnini 'heisst' Matth. 2, 23, ebenda auch fut. xnnjän 'soll heissen'.
[2] Daraus in Comp. auch fäs, vgl. oben p. 66.

etc. und ausl. *bärzond* hoch, *zärond* alt etc. Auch im In-
laut bleibt gelegentlich *nd*, vgl. § 22, b.

3) *n* = *t* (des Pluralsuffixes) = tag. *tt*, dig. *nt*:
don Wasser, pl. *dättä* T. aber *däntä* D.
käron Ende, „ *kärättä* T, „ *käräntä* D.
xordon Scheuer, „ *xordädtäm* (Matth. 6, 26).
bandon Stuhl, „ *bandädtil* (Matth. 19, 28) auf dem
Stuhl.
bärzond hoch, „ *bärzättä* T. aber *bärzäntä* D.
dagegen wird *m* nicht assimilirt, vgl. *nom* T = *nom* D Name,
pl. *nämttä* T, D, M II, 122, *gäsyom* Gesicht, pl. *gäsyämättä*
T Gesichter Matth. 6, 16.

4) *nz* = tag. *zz* (im Ausl. *z*), dig. *nz*:
az T, *onz* D Jahr; *qaz* T, *qonz* D Gehirn; *jäzzin* T.
jonzun D nachahmen, M II, 39–40.

5) *ns* = tag. *ss* (im Auslaut = *s*), dig. *ns*:
ssäj T = *insäi* D zwanzig, zd. *visaiti*; *fos* T = *fons*
D Vieh, Besitz; *fissin* T = *finsun* D schreiben, skr. *pįçati*.
Vgl. *ssoi* T, *insoinä* D Kelter; *tissin* T, *tunsun* D (russ.
sowatt) M II, 10, 77; *ssin*; dig. *insun* schärfe = pte. *ssud*,
dig. *insad*.

6) *nx* = tag. *xx* (im Auslaut *x*), dig. *nx*:
zäx T, gen. *zäxaj*, superess. *zäxxil* M I, 24, 2 = dig. *zänxä*
Erde, zd. *zå*, gen. *zemo*. Vgl. *gäx* T Matth. 5, 13 = *gänxä*
D Salz; *xox* T, abl. *xoxxäi* M I, 16, 22 = *xonx* D M I,
92, 22 Berg; *rax* T = *ranxä* D Strich; *fix* oder *fixt* T =
finx oder *finxat* D gekocht M II, 39 und 181; *rox* T =
ironx D M II 39; *füdäx* Zorn T M I, 74, 10 = *fudänxä* D,
vgl. *fä-f-fudänxäkänun* böse, erbittert machen M I, 100, 16;
xorzäx T, abl. *xorzäxxai* M I, 18, 19 Güte, Gnade = *xorxä-
nxä* D M I, 100, 17. Freilich erscheint ausl. *x* vor Vocalen
auch da verdoppelt, wo es nicht aus *nx* entstanden ist:
exxi (gen.) Eis M I, 32, 21, *tjexäi* wegen M I, 18, 2.

7) *nž* = tag. *žž* (im Ausl. *ž*), dig. *nž*:
räž T = *ränžä* D Reihe; *äžžäd* T = *änžäd* D genug
M II, 39.

8) *ng* = tag. *gy* (im Auslaut *g*), dig. *ng*: *vasäy* T = *rasängü* D Hahn M II, 49.

§ 37. Schwund.

1) *h* = zd. *h*, idg. *s* (stets geschwunden).

ist'un D stehen, zd. *hištaiti*; *avd* sieben, zd. *hapta*; *a;d* Lende, zd. *haxti*; *ävzag* Zunge, zd. *hizva*; *äd* mit, zd. *hada*; *ali* jeder, zd. *haurva*?; *äma* und, zd. *hama*?; *ün*, *än* = zd. *hqm*, *hañ*, daher auch *ängar* Genosse, *ämbal* Genosse, *äntäf* Hitze, *ämbiin* faulen, u. s. w.; *am* hier, zd. *ahmya*; *max* wir, zd. *ahmäkem*; *valjäy* Frühling, zd. *vañri*, np. *bahār*, lit. *rasarà*: *xo* T, *xwärü* D Schwester, zd. *xvañhar*, skr. *srasar*; *mäi* T, *mäyä* D Mond, Monat, zd. *mäñha*, skr. *mäsa*.

Vgl. die pronominale Declination:
gen. *käi*, dat. *kämän*, abl. *kämäi*, loc. int. *kämi*, mit zd. „ *kahyä*, „ *kahmäi*, „ *kahmat*, „ *kahmi*.

2) *s* im Anlaut vor *n*.

nnar Ader, zd. *snārare*, skr. *snāvan*; *nain* baden, zd. *snayeite*, skr. *snā*; *nostā* Schwiegertochter, skr. *sunšā*??

3) *y*.

san schwarz, zd. *syāva*; *xuin* nähen, skr. *sīvyati*, Wrzl. *syu*; *ir* Osseten, zd. *airya*; *innä* andere, zd. *anya*[1]; vgl. *igär* Leber, zd. *yäkare*; *smax* ihr, zd. *yüsmäkem*.

Ueber *e* — zd. *š*, skr. *čy*, idg. *ky* vgl. p. 93, § 17.

3) *v*.

insäi D, *ssäj* T zwanzig, zd. *visaiti*; *ivazä* D, *ivaz* T, zd. *ribäzu*? (vgl. p. 40, § 137); *xīd* Schweiss, np. *xvai*, skr. *svēda*; *xārin* T (*xvāran* D) essen, zd. *xvar*; *xädäy* T (*xvädäy* D) selber, zd. *xvatō*; *äxsäz* sechs, zd. *xšvaš*; *birä*

[1] Vgl. § 36, d.

T. bexrä, bïrä D viel, sehr, zd. baγvare. Vgl. idonä D, vidon T Zaum, zd. aivîdânâ; fedta Matth. 20, 3 er sah = fä + idta von uiju — dig. vinau sehen.

Ueber anl. ur = urspr. ɣr vgl. § 11, c.

5) r.

känju machen, pte, kond, zd. kerenaoimi mache; tas T (Sjögren) Furcht, vgl. tärsju sich fürchten, zd. teresaiti; baz¹ Kissen, zd. barezis; Comparativ xuzdär besser von xorz gut M 11, 145 (zu unterscheiden von xorzdär Sch 37, 4 = auch gut)

6) m.

car = çarm Haut, np. carm, skr. carman; χar D (Sjögren) = χarm D warm, zd. garema.

7) f vor r und l?

raz-mä vorn, zd. fraš, fraša?; limän Freund, zd. frya, skr. priya lieb? Die im Iranischen häufige Anlautsgruppe fr findet sich im Ossetischen nicht mehr.

8) p?

sist Laus, zd. spiš?; sij anus, skr. sphaćtu, sphijatu.

9) l?

fix (Sch 88, Nr. 8), dig. funx gekocht = fixt, funxt (p. 67 und 111); täf Hitze — taft Ss (p. 59); fäs nach = fäst (p. 66), vgl. § 36, e, g. k fiel ab in xus trocken xusk (p. 71)?.

10) n.

max wir, altp. amaxam; vatä D dort, zd. avaϑra; väd darauf, zd. arada; vatä D so, zd. araϑa; ridon Zügel, zd. ainïdânï; däli unten, zd. adairi; stäs achtzehn aus ast acht

---
¹ Nach Fortunatow bei M III, 39 ist hier l ausgefallen: baz für *balz wie xuzdïr für *xulzdär.

— 114 —

+ *däs* zehn: *naor* D (Sjögren), *nrar* T Adier, zd. *snavare*, skr. *snāvan*; *uvog*, *nog* T (= *nävāg* D) neu. zd. *naru*.

Vgl. dazu dig. *ma* = *āmá* 'und' M I, 92 flg.: *cäikänin* Matth. 10, 28, *oiKänin* Matth. 18, 25 verkaufen neben *aräiKän* verkaufe! Matth. 19, 21; *roog*, *rog* T = *räräg* D; *cvái* gehe! M I, 30, 23 von *çänn*; *bvar* T = *bavär* D; *cas* T = *çäyasä* D bei M II, 31.

Das *ä* des Suffixes *äg* fällt regelmässig vor dem Pluralsuffix *jTä* aus[1]:

nuräg eng. pl. *narjitä*, dig. *nargutä*; *läjäg* Stock, pl. *läjgutä* D Stöcke M I, 112, 13, etc. M II, 121, 5. Vgl. *sändongänjitä* die Weingärtner Matth. 22, 35; *amaijitä* die Bauleute Matth. 22, 42; *badjitäm* den Sitzenden Matth. 4, 16; *kusjitimä* mit den Arbeitern Matth. 20, 2.

Auch vor dem Suffix *on* in *käsg-on* tscherkessisch M I, 56, 17 von *käsäg* M I, 20, 5.

Doch bleibt *ä* in *.äiräjitį* (acc. pl.) Teufel Matth. 7, 22 von *.äiräg*, dessen Suffix freilich *äg*[2] zu sein scheint.

Gelegentlich fällt *ä* auch in der Composition aus: *.ärgäfs* Maulesel aus *.äräg* Esel und *äfs* Stute.

Entsprechend fällt das *j* des Suffixes *jg* aus in: *nämig* T Kugel M I, 30, 31, pl. *nämgutä* T M I, 30, 32; *rägig* T Riese M I, 26, 19 (für *vägig*), pl. *väigutä* D Riesen M I, 92, 1. Vgl. M II, 65.

11) *u*.

Xçau T (bei Miller) = *Xuçau* T (bei Schiefner). *Xuçau* D (bei Miller, z. B. 1, 98, 5).

Bei *rätä* auf, über ist nicht sowohl *u* geschwunden als vielmehr *ur* in *u* *v* zusammengezogen worden.

12) *yu?*

smax, D *sumax*[3] ihr, zd. *yūšmakem*, skr. *yušmākam*. Vgl. aber gāthādial. *xšmaka* euer, *xšmaibya* euch.

Für anlaut. *yu* würde ich im Tag. *gi* = *i* erwarten.

[1] Nicht vor dem Suffix *tä*: *dändägti* der Zähne Matth. 22, 13.
[2] Wie in *axurgäaiväg* Jünger.
[3] Vgl. np. *šumā* ihr.

13) tag. *j* im Anlaut.

...) T zwanzig = *insäi* D, zd. *vīsaiti*, skr. *viçati*; *stīn* stehen = dig. *istun*, zd. *hištaiti* etc. — Anlautendes *i* und *u* muss im Tag. erst zu *j* werden und dann stets abfallen.

§ 38. Stimmtonentwicklung.

i in dig. *is* = tag. *s* (Präfix) für älteres (zd.) *us*; *u* in dig. *sumær* = tag. *smær* ihr. zd. *yūšmākem*, gd. *xšmoka*. Vgl. dig. ...... Winter für *zimäy* § 7, c.

§ 39.

Im Allgemeinen entsprechen sich also:
Iranisch   und Ossetisch:
a, u   = *a* und *ä*,
                 o vor *u*, *m* im Stammauslaut,
                 i, u unter dem Einfluss von Labialen und *u*, sowie vor *nd*, *nd* im Ptcp. perf. (nach Gutturalen *u*, *u* für *i*, *u*),
                 i einigemal vor oder nach *y*,
                 i, i unter dem Einfluss von? (§ 7, h),
ī   = *i, i* (nach Palatalen auch *i, i*)   anl. im Tag.
ū   = *j, u* (nach Gutturalen *u, u*)   } stets schwindend
ai   = *ī, ē*, vor *u* = *j, i*,
au   = *ū, ō*,
r (durch *ar*) = *ar, al, är, äl*,
rr-   = *ar?*,
y   = *y*, einigemal geschwunden,
v   = *v, u*, sonst theils zu *b* im Anlaut (?), theils zu *w* nach Tönenden, theils geschwunden,
k   = *k* im Anlaut, einigemal auch im Auslaut nach Tönenden,
                 y nach Tönenden,
j   = *x*,
y   = *y, j* im Anlaut,
                 y nach *u*,
i   = *j* im Inlaut nach Vocalen und *r*,

Iranisch		Ossetisch
čy (= šy, š)	=	c̣ im Anlaut,
č	=	c̣ im Anlaut, einmal im Inlaut,
		j nach Tönenden,
j	=	j,
t	=	t im Anlaut und nach s, x, f,
		d nach Tönenden,
θ	=	t,
θw (durch čw)	=	pp,
d, δ	=	d,
p	=	f im Anlaut,
		b, w nach Tönenden,
sp	=	fs,
f	=	f,
b	=	b im Anlaut und nach m,
b, w	=	w nach Tönenden,
	einigemal	f „ „
xv	=	xv
	und	x,
h		ist geschwunden,
	viermal =	x im Anlaut,
s	=	s,
		geschwunden im Anlaut vor n,
ṡ	=	s,
z (ż)	=	z,
n	=	n,
m	=	m,
	einmal	b im Anlaut?,
	dig.	n im Auslaut,
r	=	r
	und	l.

Die Palatale k̂, č̣ u. s. w. sind erst innerhalb des Ossetischen (aus den Gutturalen vor i, e, resp. tag. j, i) entstanden, cf. § 19. Characteristisch ist am Ossetischen die Verwandlung der iranischen š-Laute: č, j, š, ž in s-Laute: c̣, j, s, z, die Abneigung gegen die dentalen Spiranten θ und δ, die in Verschlusslaute umgewandelt worden sind: t und d, die Abneigung gegen h und die Entwicklung von r zu *r* und *l*. Im Uebrigen ist der iranische Character des Ossetischen so klar und evident, dass jede weitere Bemerkung darüber überflüssig ist. Es ist ein specifisch iranischer Dialect in kaukasischem Gewande wie das Armenische eine indogermanische Sprache eigener Art mit kaukasischer Färbung ist.

VIERTER ABSCHNITT.

LEHNWÖRTER.[1]

Im Folgenden stelle ich diejenigen ossetischen Wörter, welche bisher als Fremdwörter zu erkennen waren, zusammen, mehr um eben diese Wörter als fremdes Gut von dem einheimischen Sprachstoff zu sondern, als um zu entscheiden, von welchem Volke die Osseten das betreffende Wort unmittelbar erhielten oder welcher Sprache es ursprünglich angehört. Letzteres ist zwar vielfach leicht, in manchen Fällen

---

[1] Literatur: Julius von Klaproth, Reise in den Kaukasus und nach Georgien. Zweiter Band, Anhang: Kaukasische Sprachen. Halle und Berlin 1814. Derselbe, Asia Polyglotta nebst Sprachatlas. 2. Aufl. Paris 1831. — A. Schiefner, Versuch über die Thusch-Sprache oder die khistische Mundart in Thuschetien. St. Petersburg 1856. Derselbe: Tschetschenzische Studien. 1864. Derselbe, Versuch über die Sprache der Uden. 1863. Derselbe, Versuch über das Awarische 1863. Derselbe, Bericht über P. v. Uslar's Awarische Studien. 1872. Derselbe, Bericht über P. v. Uslar's Kürinische Studien. 1873. Derselbe, Bericht über P. v. Uslar's kasikumükische Studien 1866. — Ahlqvist, Forschungen auf dem Gebiet der ural-altaischen Sprachen. Zweiter Theil: Die Kulturwörter der westfinnischen Sprachen. Helsingfors 1875. — Schrader, Sprachvergleichung und Urgeschichte. Jena 1883. — Miklosich, die Fremdwörter in den slavischen Sprachen. Wien 1867. Derselbe, die türkischen Elemente in den Südost- und Osteuropäischen Sprachen. Erste und zweite Hälfte. Wien 1884. — Shaw, A Sketch of the Turki Language as spoken in Eastern Turkistan (Kàshghar and Yarkand). Part. II, Vocabulary. Calcutta 1880. — Tschubinof, Georgisch-Russisch-Französ. Wörterbuch. St. Petersburg 1840.

aber mir unmöglich, zu Ersterem fehlen mir die nöthigen Kenntnisse der kaukasischen Dinge und zum Theil die Hilfsmittel. Die Nachbarn der Osseten — von den Russen abgesehen — sind die Tscherkessen, Inguschen, Grusinier, Imeretiner und die kabardinischen Bergvölker (Tataren), unter welchen letzteren die Balkaren, nach W. Miller's gelegentlichen Notizen in den Osset. Stud. II zu urtheilen, viel Einfluss auf die Osseten gehabt haben. Was die Osseten von allen diesen Völkern sowie von denjenigen, welche früher den Kaukasus beherrschten, von Persern und Türken entlehnt haben, wird uns eingehend W. Miller darlegen, der, wie ich durch briefliche Mittheilung weiss, sowohl an einem ossetischen Wörterbuch wie an einer Untersuchung über die Fremdwörter im Ossetischen seit längerer Zeit arbeitet. Die folgende Zusammenstellung möge daher nur vorläufig zur allgemeinen Orientirung über die ossetischen Lehnwörter dienen.

abreg Räuber, *abyräg* Luc. 10, 30 — tscherkess. *abrek* „Läufling", Berge, Sagen und Lieder d. Tscherkessen-Volkes 107, awarisch *abrek* Räuber, Schiefner, Bericht 90. Zusammenhang mit np. *awara* Vagabund, phl. *apar* Raub findet wohl nicht statt.

awzeste D, *awzist* T. Matth. 25, 18, *awzist* M I, 66, 28 Silber — wotj. *azves*, syrj. *ezyś*, ung. *ezüst*, Ahlqvist, Kulturwörter 67, Schrader, Sprachvergl. 258.

ag Kessel, Klaproth, Reise 212, Seb 32, 20 — awarisch *hag* Kessel, Schiefner, Bericht 107 — ??

adäm Matth. 4, 25 Volk, Leute, *adämima* mit den Leuten M I, 18, 2, u. s. w.   arab. pers. türk.[1] *adam* Mensch. Von vielen kaukasischen und asiatischen Sprachen entlehnt.

adli T Elle   georg. *adli*, thusch *adl* Elle, Schiefner, Versuch 107.

ajal D Tod — arab. *ejel*, pl. *ajal* bestimmte Stunde, Tod, auch awarisch: *ajal* Tod, Schiefner, Versuch 36 und kasikumük. *ajal* Tod, Schiefner, Bericht 67.

aib in *anä-aiphäi* untadelig Luc. 1, 6 — arab. *'aib* Fehler.

---

[1] Das Türkische (manchmal auch das Arab. und Pers.) citire ich im Folgenden nach Zenker's Wörterbuch.

azịm Unrecht, Sünde Luc. 6, 7 — türk. *ism*, *isim*, arab. *iʒm* Sünde.

araq Branntwein — arab. *'araq*. Von sehr vielen kaukasischen und asiatischen Sprachen entlehnt.

arxī D, *arxvi*, *arxịi* T Kupfer, gen. *ärxụ̈ịi* M I 14, 23 — wotj. *irgon*, syrj. *yrgön*, soswa-wog. *ärgin*, tscher. *vörgẹ̈ne* Kupfer, vgl. ungar. *horgany* Zink, Ahlqvist, Kulturw. p. 65, Schrader, Sprachvergl. 273.

arẹ̈in D Elle — türk. *arsyn* Elle (vgl. türk. *aryš* Elle, pers. *araš*, *arš* bei Vullers), russ. *aršinŭ*. Vgl. Miklosich, Fremdwörter 75, Türk. Elem. I, 13.

axc̣a Sj., *äxc̣a* M I. 22, 23 Geld[1] — türk. *aqča* (von *aq* weiss) 1) weisslich, 2) Silbergeld, kleine Münze. Vgl. tschetschenz. *axc̣a*, etc. Klaproth, Atlas II, wogulisch *okśa*, Ahlqvist, Kulturw. 191, wotj. *ukśo*, Wiedemann, Syrj. deutsch. Wb. p. 546. Miklosich, Türk. Elem. I, 8.

babus D, *babịs* T, M II, 114, Ente, „ein im ganzen Kaukasus verbreitetes Wort", Klaproth, A. P. 90, Atlas I und XXVI, Reise 151: ingusch. *babus*, 237: tscherkess. *babyseh*, 273 nogai *babusch*, karatschai *babysch*, M II, 114: balkar. *babyś*.

bazar Marc. 7, 4 u. s. w. Markt — np. *bāzār*. Weit in der Welt verbreitet.

bázug D Oberarm, nach M II, 85 — np. *bāzā* (älter *bāzūk*) Arm. *baluč* *bāzk* Arm (Journal of RAS. Bombay Branch XI. 56). kurdisch *bāzik*, *bāskī* arm. pipe-stem (Rhea). *bāsik*, *bāsk* Unterarm. Arm ZDMG 38, 50, arm. *bazuk* Arm. Vgl. udisch *buzuk* Achselhöhle, Schiefner, Versuch p. 100.

balān D, *balōn*, *baluon* T, *baluon* Ss. 34. 1. *bälȯ̈n* M I. 36, 10, *balon* Matth. 10. 16 Taube, pl. *bälädtị* (gen.) Matth. 21. 12. *bälont̊ị* Marc. 11, 15 — „kriwo-liwisch *ballande*, lettisch *ballodis*", Klaproth, A. P. 96, lit. *balańdis* Taube. V. Hehn, Kulturpflanzen[3], p. 536. — P. Bötticher, Arica p. 67, Nr. 105 vergleicht arm. *alarni* Taube.

---

[1] Vgl. Matth. 10, 9: *sịẹ̈yärin* Gold — *äuc̣ist* Silber — *sau äxc̣a* Erz (*sau* = schwarz).

bambag Ss 35, 1 Baumwolle, *bämpäg* M I, 104, 2, M II, 81
(russ. wata) — np. *pembe* (aus älterem *pambak*, *pambak*),
türk. *pambuk*, *panbuk*, arm. *bambak*, *banbak*, georg. *bamba*,
thusch *bamba*, Schiefner, Versuch 144, ingusch. *bombag*,
Klaproth, Reise 156. Vgl. Miklosich, Fremdwörter 80.
baslik Ss 36, 2, *baslag* D M I, 96, 9 Kopftuch — türk. *başlyg*
Kopfbedeckung.
basmag M I, 100, 27 Schuh — türk. *basmag* Sandale, Schuh.
bereket D M I, 110, 5 Gewinn — arab. *barakat*, nach türk.
Aussprache *bereket* Segen, Wohlfart, Glück. Vgl. georg.
baraka abondance, suffisance, awarisch „*barkät*" Wohl-
befinden, Schiefner, Bericht 153, kasikum. „*barakat*"[1]
Segen, Wohlfahrt, Schiefner, Bericht 124. In den sla-
vischen Sprachen Miklosich, Türk. Elem. I, 26.
berče D, *wers* T, *werç* Matth. 5, 41 Werst — russ. *wersta*.
bigäl M I, 60, 18 der Arme — np. *bičar* (älter *bečār*, *bēčrā*).
bečbi Sch 34, 54 Siegel, *bečbi* M II, 80 — georg. *bečedi*
Tschubinof p. 52).
Litna Matth. 23, 23 Minze — thusch *pitna*, georg. *pitna* Pfeffer-
münze (Schiefner, Versuch 142).
bičeu D, *bičeen* D M I, 108, 4 Kind, Knabe — np. *bača*
Junges, Kind, georg. *biči* garçon, serviteur (pl. *bičbi* les
enfants) — ?
borkon D, *bulkon* T, M II, 69 Oberst — russ. *polkownikŭ*.
brinj Ss 35, 1, *prins* Klaproth, A. P. 94 Reis — np. *birinj*,
türk. *birinj*, vulg. *pirinj*, arm. *brinj*, georg. *brinji*, thusch
brinj, Schiefner, Versuch 147, u. s. w. Vgl. Miklosich,
Türk. Elem. II, 44.
bulat Sch 36, 11, *bolat* Sch 45, 6 Stahl — np. *pūlad*, arm.
polorat, türk. *pūlad*, georg. *poladi*, thusch *polad*, Schiefner,
Versuch 143, tschetschenz. *buolat*, Schiefner, Stud. 66,

---

[1] Die kaukasischen Wörter habe ich zum Theil nach meinem
System umschrieben, zum Theil nicht, da eine einheitliche Transscription
mir zu viel Schwierigkeiten bot. Die Lautverhältnisse der kaukasischen
Sprachen sind sehr eigenthümlich und wären ein dankbarer Gegen-
stand für die lautphysiologische Forschung, die zur Zeit ganz vergessen
zu haben scheint, dass ihr wichtigstes Object die von den Menschen
wirklich gesprochenen Sprachlaute sein müssen.

russ. *bulatŭ*, klruss. *bulat* u. s. w. Miklosich, Türk. Elem.
II, 42, Schrader, Sprachvergl. 287.

várdęä Wachtel s. o. die Etymologie p. 31, Nr. 77.

väzdän M I, 54, 6 v. u., *wozdan* Klaproth, Reise 203—204
Edelmann[1], *ozdanäd* Adel Sch 8, 32 — awarisch *ozdén* (kas.
uzden) Uzden, Mann freier Abkunft, Schiefner, Bericht
p. 92; *uzden* = tscherkessischer Edelmann[2], Klaproth,
Reise 597.

gäde T, *gädj* Sch 62, 9 Kater, Katze — türk. *kedi*, arm.
katu, syr. *qatu*, arab. *qiṭṭ*, georg. *kata*, russ. *kotŭ*, thusch
kata (Schiefner, Versuch 117), awarisch *kéto* (Schiefner,
Bericht 111), tscherkess. *kettu* (Loewe, Dictionary of the
Circassian language X). Weitverbreitetes Wort, vgl.
Klaproth, Atlas III, Ahlqvist, Kulturwörter p. 22.
Nach Hehn soll es aus dem byzantinischen Griechisch
(*κάττα*) stammen (??), das es selbst dem Lateinischen
(*catus*) entlehnt habe, Kulturpflanzen[3], 407 und 542. Vgl.
auch Justi, les noms d'animaux en kurde p. 5.

gäxrädt Sch 34, 54, *gäγät* (dig. *gäγädi*) M II, 107 Papier
— türk. *kaγyd*, vulg. *kyahat*, *kyat*, balkar. *qaγyt* M II,
107, georg. *kaγaldi*, thusch *kaγald*, Schiefner, Versuch
119, pers. *kaγad*, *käγid*, arab. *kaγad* (Vullers). Vgl.
Miklosich, Türk. Elem. II, 3.

gruz, *grus* T Groschen — türk. *γruš*, *γuruš* Piaster, russ.
groša, bulg. serb. *groš* u. s. w., Miklosich, Fremdwörter
91, Türk. Elem. I, 64, deutsch *Groschen* (aus mlat. *grossus*).

gorod Stadt M I, 44, 3 v. u. — russ. *gorodŭ*.

gurji D, *gurji* T Georgien, Georgier, *gurjiag*, *gurjiak* D,
gurjiag T, *gurjiag* Sch 42, 4 georgisch — pers. *gurji*
Georgier.

gūton M I, 82, 2, II, 67, Ss 36, 12, dig. *goton* M I, 92, 27
Pflug — kurd. *kotan* „charrue à laquelle on attelle 6 à
12 paires de boeufs" Justi, georg. *gutani* charrue, arm.

---

[1] Gegensatz *sáulǟg* Bauer M I, 54, 6 v. u.

[2] Ueber die tscherkessischen Stände vgl. unten p. 131 s. v.
ęχṇač.

guta several pair of oxen to draw the plough, Bedrosstan, Dictionary p. 127, thusch *guta*, Schiefner, Versuch 123, awarisch *kutan* grosser Pflug für 6—7 Paar Ochsen, Schiefner, Versuch 41. Das Wort findet sich ferner im Kürinischen (Schiefner, Bericht 164), im Udischen (Schiefner, Versuch 84), nach Klaproth auch im Tschetschenzischen, Ingusch., Abchasischen (Atlas IV) und andern Sprachen (Atlas XXXV). Vgl. Justi-Jaba, Dictionnaire kurde-français p. 315. M II, 67.

γaz D[1], *qaz* T, *qazi* Ss 34, 2 Gans stimmt scheinbar zu skr. *hasa*, gr. χήν, lat. *anser*, d. *gans*, ksl. (aus dem Germ. entlehnt.) *gąsĭ*, lit. *žąsìs*, aber den Lautgesetzen nach (vgl. KZ 25, 127) müsste die iran. Grundform des Wortes *zaūha* lauten und kann also im Ossetischen nicht durch *γaz* vertreten sein. Das Wort ist türkischen Ursprungs — *qaz* und weit in der Welt verbreitet, vgl. np. *γaz*, kurd. *qaz*, awarisch *γaz*, Schiefner, Versuch 42, udisch *qaz*, Schiefner, Versuch 80, tscherkess. *kaz*, Klaproth, Reise 237, *kas*, koibalisch *kas*, jakutisch *xās*. Vgl. Klaproth, Atlas II und XXVIII—XXIX. Ahlqvist-Kulturw. 21.

ǧaur D, *ǧiaur* T Gottloser, Heide — arab. *kafir*, türk. (gewöhnl. Aussprache) *ǧiaur*.

giwanka, *ǧiwanka* D, *ǧiwanka* T Pfund — georg. *girwanka* Pfund (aus dem tatarischen — Sjögren, vgl. Tschubinof 127; thusch *giwank*, Schiefner, Versuch 123.

dambaǧi Ss 36, 1, *dambaça* Sch 33, 51, „*dambatza*" Klaproth, Reise 588 (cf. Druckfehlerverz.) Pistole — georg. *dambača*, kurd. *dammänch* ZDMG 38, 67, türk. *tabanǧa*, thusch *dombo*ǧ Schiefner, Versuch 140.

denǧiz D, *denǧīz* T, *denǧiz* Matth. 4, 13, *denǧīz* M I, 16, 11 Meer — türk. *däniz* (*deniz*).

din T, M I, 106, 13, *din* Matth. 5, 17 Glaube — arab. pers. türk. *din* (pers. Ursprungs, zd. *daēna*).

---

[1] Nach M III, 14 steht in beiden Dialecten *q*.

duá Gebet¹ M I, 106, 4 v. u. — arab. *du'a* Gebet.

duine D, *duiné* M I, 94, 2 v. u., *dunye, dune* T, Joh. 8, 23 Welt — arab. *dunyā*, türk. *dünya*, awarisch *duniyal, duńyal*, Schiefner, Bericht 146. Vgl. Miklosich, Türk. Elem. I, 52.

äda Sch 95, 6 (vgl. 36. Nr. 46) Väterchen, *dada* Sch 100, 8 Väterchen, *äna* Sch 96, 3 Mütterchen (vgl. Klaproth, Reise 203, 1) sind Lallwörter wie türk. *ata* Vater, *dad* = osttürk. *dada* Vater, *ana* Mutter.² Vgl. thusch *dad* Vater, Schiefner, Versuch 136.

ädal Sch 12, 95 Narr — arab. *abdāl?* Schiefner, 22, 95. Bedenklich wegen Fehlens des b.

ändón M I, 18, 3, *andun* Klaproth, A. P. 15 Stahl — ingusch. *andun* Klaproth, Reise 164, Atlas V, wotj. *andan*, syrj. *jendon* Stahl, Ahlqvist, Kulturw. 71, Schrader, Sprachvergl. 287.

ängózä D, *ängáz* T, M II, 59, *änguz* Sch 6, Nr. 10; 33, Nr. 49 Nuss — arm. *engoiz*, georg. *nigozi*, yidghah *oγuzáh*, np. *γōz*, kurd. *gu'iz, goviz*, arab. *jauz*, türk. *jevz*. Auch im Hebräischen und Aram. De Lagarde, G. A. 25, Tomaschek, Pamir Dialecte 58 und BB 7, 202.

ängurst̔evän D M I, 108, 25 Fingerhut — np. *angušt̔evānu*; *ängurst̔* Finger — np. *angušt*. Siehe oben die Etymologie p. 22, Nr. 26.

zarmajan T, *jarmajane* D, *sarmajan* M I, 22, 12, *jarmajan* M II, 80 Kanone — georg. *zarbazani*.

zeťi Marc. 6, 13 Oel — georg. *zeťi* Oel, thusch *zeť*, Schiefner, Versuch 131, arab. *zait*.

zián M I, 84, 13, Matth. 16, 26, *zian* D (Sjögren) Schaden — np. *ziyan*, arm. *zean*, georg. *ziani*. Vgl. Miklosich, Türk. Elem. II, 87.

zjndon M II, 83 Gefängniss — np. *zindān*, arm. *zndan*.

zangaray Ss 36, 1 Glocke — georg. *zangulaki* petite cloche von np. *zang, zangal, zangula*, woher auch kurd. *zeng, zengil*.

---

¹ Die Stelle M I, 106, 4 v. u. (aus muhammed. Quelle): *mäqurän yä duá qäbjl a* 'er erhört des Armen Gebet' klingt ganz arabisch: *mägar* arm: arab. *faqır*, *duá* : arab. *du'a, qäbjl* : arab. *qabil*.

² Osttürk. bei Shaw *atá* (2), *dáda* (109), *daa* (14).

zangüleh ZDMG 38, 71, arm. *zangak*, udisch *zäng* Glocke, Schiefner, Versuch 93.

jänät Sch 36, 9, M II, 79, *jnnt* M I, 114, 4 Paradies — arab. *jannat*, nach türk. Aussprache *jennet*.

jmari Matth. 27, 34 Essig — georg. *jmari*.

joqu, *çoqu* D, *juqqɛ*, *çuqq* T, *čuka* Ss 36, 2, *çuqqa* Matth. 5, 40, Tuch, Tuchrock — türk. *čoqa* (*čoxa*) Tuch, np. *čurt*, bulg. serb. *čoha*, nordtürk. *čuqa* etc. Miklosich, Türk. Elem. I, 42; auch im Kasikumük (Schiefner, Bericht 101), Awarischen (Schiefner, Bericht 124), Udischen (Schiefner, Versuch 88) u. s. w. Vgl. Klaproth, A. P. 96.

juajb Matth. 4, 3 u. s. w. Antwort — arab. *jeväb*.

juar T Matth. 27, 26, *jear* M I, 68, 4 v. u. *juare* D Kreuz, Opferstätte, Heiligthum — georg. *jvari* Kreuz.

jüg T, *joy* D Heerde (von Schafen) — georg. *jogi* troupeau, thusch *joy* Heerde (von Pferden) Schiefner, Versuch 128.

jijib T, M I, 14, 22, *jijijä* D, M I, 112, 1 v. u., M II, 79 Tasche — georg. *jibe*, türk. *jeb* Tasche, kurd. *jib*, *jeb*, *jäv*, arab. *jaib*. Vgl. bulg. *džeb* etc. Miklosich, Türk. Elem. I, 53.

jat T Sch 57, 2, *juvit* D, *jivit* D, M II, 79 Jude[1] — türk. *čifut*, bulgar. *čifut*, serb. *čivutin*, *čivut*, rum. *čifut*, u. s. w. Miklosich, Türk. Elem. I, 41. Von arab. *ychüd*.

iyár M I, 36, 1; 46, 3 v. u., 48, 8, *geyár* M I, 84, 7 Jagdhund (Windhund?) — magyar. *agár*[2], „turko-tatar. *igár* Windhund". Vambery, Ursprung der Magy. 572.

izäd D M I, 108, 8, pl. *zädtä* T M I, 24, 19; 28, 26 Engel — np. *izad*, zd. *yazata* Engel.

idi D, *zdji* T Blei, vgl. Schrader, Sprachvergl. 308.

kala Klaproth, A. P. 97, M II, 69 Zinn — georg. *kala*, türk. *qalai*, thusch *kal*, Schiefner, Versuch 118, etc., vgl. Schrader, Sprachvergl. 307, Miklosich, Türk. Elem. I, 87.

---

[1] Auch *virag* Sch II, 88, georg. *uria*, arm. *hrea*, thusch *uria* Schiefner, Versuch p. 112.

[2] Von Miklosich für slavisch gehalten, dagegen Vambery, Ursprung der Magy. 568.

kamandāt D, *kamendat* T Commandant — ital. *comandante*, d. *Commandant*, russ. *komendanta*.

kambeči Ss 34, 2, *kambēe* M II, 68, 69 Büffel — georg. *kambeši*, *kambeči*, thusch *kambeč* Büffel, Schiefner, Versuch 118, np. *gāemēš* Büffel.

koppa T, M I, 70, 1 v. u. Wein- oder Branntweinglas, ital. *coppa*, mlat. *cuppa*, klruss. *kupa* u. s. w. Miklosich, Fremdwörter 103, neuarab. *kubbaye* Wasserglas.

korie D, *kurie* T, *kwri* Ss 31, 1, *kūrī* M I, 18, 16, II, 69 Woche [1] — georg. *kwira* dimanche, semaine, thusch *kwira* Woche, Schiefner, Versuch 119, aus gr. χυριαχή.

kōs D M I, 98, 20, *kōs* T M I, 56, 31, Matth. 10, 42; M II, 70, *kus* Ss 36, 1 Schale, Tasse, Becher passt der Bedeutung nach nicht zu np. *kōs* 'Pauke', der Form nach nicht zu arab. *kas*, pers. *kāsa* Becher, arab. *kūz*, pers. *kūza* Krug. Vgl. thusch *kos* Gefäss, Schiefner, Versuch 118.

Kalak Tiflis (Sjögren), *Kalak* M I, 18, 2 v. u., 22, 9; 44, 3 Stadt — arm. *Kalak*, georg. *Kalaki*, thusch *Kalik* Schiefner, Versuch 119 Stadt.

Kama Ss 36, 1, Klaproth, Reise 588, Seh 76, 13 Dolch — türk. *qama* Dolch, Messer, abchasisch *qama* Dolch, Schiefner, Bericht 44.

Kamāri D M I, 100, 5 v. u., M II, 67 Frauengürtel — georg. *kamari*, thusch *kamar*, Schiefner, Versuch 119, np. *kamar* Gürtel. Vgl. Miklosich, Türk. Elem. II, p. 6.

Kapek Matth. 5, 26 Heller = russ. *kopeïka* Kopeke.

Katan Leinwand Ss 36, 2 — np. *katān*, arab. *kattān*, türk. *katan* Flachs, Lein, georg. *katani*. Vgl. Miklosich, Türk. Elem. II, 8.

Kača Ss 34, 2 Weibchen — arm. *Kač* Weibchen (von Thieren), kürinisch „*Kač*" [2] Hündin, Schiefner, Bericht 158.

---

[1] Die Wochentage heissen: *kwrasūr* (Wochen-anfang) Montag, *dijjay* (südoss. *dičay* — der zweite) Dienstag, *artijjay* (südoss. *artičay* der dritte) Mittwoch, *cipipārām* (der vierte) Donnerstag, *mairāmbon* (Marien-tag, Matth. 27, 62, Seh 81, 10) Freitag, *sabat* (Sabbat) Sonnabend *rugumbon* (Gottes-tag) Sonntag. Vgl. Ss 31, 1.

[2] Sprich „kkxatsch"!

Kärdä T, M I, 30, 1 v. u., *Körttu* D Birne — kasikumük. *gort* Schiefner, Bericht 84, magyar, *körtre* Birne. Vambery, Ursprung der Magy. 573, „balkar. *kürtmä*" M II, 115.¹ Vgl. syrisch *kummätra*.

Könniga, *Könnage* D, *tineg* T, *činig* Sch 33, Nr. 52 Buch, Brief — russ. *kniga*.

Kui D, *Kuj* T, M I, 20, 1; 56, 18, *Kuj* Ss 34, 1, plur. *kuitä* T M I, 58, 6 Hund — kurd. *kūčik*, sariqoli *küd* (Shaw P. D. 273).

Das Wort ist in Ost-Europa, Vorder- und Nord-Asien verbreitet: Tomaschek, Pamir Dialecte 29; Justi, Revue de linguistique, Paris 1873, p. 95. Ahlqvist, Kulturw. p. 2 (estnisch *kuts*, liv. *kutški* Welp, wotjak. *kuća*, ungar. *kutya*, lettisch *kutsa* Hündin, russ. *kutya*, *kutēnokü*).

Kujeç M I, 56, 7 Händler — russ. *kupećü*.

Kema D Boot, Kahn, *tema* T Prahm, Fähre, *čämi* M II, 114 — türk. *gemi*, osttürk. „*kimä(h)*" Shaw p. 177, kurd. *gemi*, kürinisch *gimi*, Schiefner, Bericht 174, „balkarisch *kämä*" M II, 114, ingusch. *kima*, Klaproth, Reise 155. Vgl. Miklosich, Fremdwörter 89, Türk. Elem. II, 12.

Kire D, *kiri* Ss 29, 1, *ker*, *ter*? T Kalk — georg. *kiri*, arm. *kir*, thusch *kir* Kalk, Schiefner, Versuch 118; türk. *kirej*, *kireč*. Vgl. Miklosich, Türk. Elem. II, 9; Klaproth, Reise 160.

qalaür Wachtposten M I, 102, 8 — türk. *qaraul* garde, sentinelle, osttürk. *qaraural* a watch (Shaw 141), georg. *qaravdi*, thusch *qarul* Wächter, Wache, Schiefner, Versuch 112, russ. *karaulu* Wache.

qalle D, *xale* T Festung — arab. *qal'a*. Im Orient weit verbreitet. Im Slavischen vgl. Miklosich, Türk. Elem. I, 87.

qarčiga M I, 36, 12, Klaproth, Reise 209 Habicht — osttürk. *qarčýga* the goshawk, astur palumbarius (Shaw, Vocab. p. 141 und 213), awarisch „*xarčiga*" Habicht,

---

¹ Bei den (tatarischen) Karatschai heisst „*kürtma*" der wilde Birnbaum. Klaproth, Reise I, 548.

² Sjögren's *tt* steht hier für *t*, sein *t* für *t* wie auch oben in *tineg* Brief und überhaupt, wo es dig. *t* entspricht.

³ Jakutisch *kys̆*, Radloff, Phonetik 196.

Schiefner, Bericht 102, mokscha-mordwinisch *karćigan*
Habicht (Ahlqvist, Mokscha-Mordwinische Grammatik
p. 155), „balkarisch *qürtjigä*" M II, 114.

qullaq-Eanun D dienen — türk. *qullaq etmek* dienen (*qullaq*
Dienst von *qul* Sklave). Auch kurdisch, ZDMG 38, 78,
awarisch *xuluxëi* Diener, Schiefner, Versuch 42.

leγwi Matth. 7, 16 etc. Feige — georg. *leγwi* Feige, thusch
leγw, Schiefner, Versuch 154.

lulа Ss 36, 2 Pfeifenkopf — np. *lula*, *lüle* im Türkischen
Pfeife, Pfeifenkopf. Vgl. Miklosich, Türk. Elem. II, 18.

majál M I, 86, 3 v. u. Mittel — arab. *majál* Macht, Vermögen.

marxo Ss 31, 1, *marxau* Klaproth, Reise 200 Fasten —
georg. *marxva*, thusch *marxo*, *marx*, Schiefner, Versuch 149 Fasten, ingusch. *marxa*, tschetschenz. *marxua*,
Klaproth, Reise 162.

mälik Fürst M I, 18, 2 v. u., 22, 18 — arab. *malik* Fürst.

mērka M I, 22, 13; 60, 25 Maass — russ. *mērka*. Vgl.
Ahlqvist, Kulturw. 194.

min Matth. 14, 21, Marc. 5, 13 tausend — türk. *biń*, osttürk.
miń (Shaw, p. 185).

mnjura M I, 102, 17 Lanze — karatschai „*mudshurá*" Jagdspiess, Klaproth, Reise I, 520.

mulg M I, 90, 9 v. u. Besitz, Vermögen — arab. *mulk*. Vgl.
Miklosich, Türk. Elem. II, 29.

mjxur Matth. 27, 66, Joh. 6, 27 Siegel — np. *muhr, muhur*.

naṽū D, *nau* T, M II, 83, cf. Ss 35, 2, Klaproth, A. P.
95 Schiff, pl. *naulä* Joh. 23, 24 Schiffe — arm. *nav*,
georg. *nawi*, thusch *nav*, Schiefner, Versuch 141,
udisch „*nāwëi*" Schiffer, Schiefner, Versuch 97, kurd.
nav, np. *nav*, Türk. *navi* Barke (aus dem Ital. Zenker).

namuz D Ehre — np. arab. *mimus* Ehre, gr. *νόμος*. Vgl.
Miklosich, Türk. Elem. II, 32.

„*nartuxar* Mais, tscherkess. und abchasisch *nartux*" Klaproth, A. P. 93, Atlas III. Wohl echt ossetisch = Nartenkorn (*nart* Narte, *xor* Getreide).

nart M I, 26, 16, Sch 71, 13 u. öfter, die Narten, „awarisch *nart* Helden in den Märchen bei Lesghiern, Tscherkessen, Osseten", Schiefner, Bericht 147.

nįmätti in Filz M 1, 59, 1 v. a., *nįmättin* von Filz M 1, 56, 4, *nimat* Filzmantel. Klaproth, Reise 213, *nimaľ* Filzmantel Ss 36, 2 — np. *nämäd* Filz, *nämädīn* von Filz, skr. *namata* (aus dem Pers. entlehnt), georg. *nabadi* manteau de feutre, thusch *nabad* Filzmantel (Schiefner, Versuch 141).

nįsan Matth. 12, 38 Zeichen, pl. *nįsändtäi* (abl.) mit Zeichen Luc. 1, 62 — np. *nišan* Zeichen. Dazu *ćafnisan* Ss 37, 1 Narbe von *ćaf* Wunde Ss 37, 1 (vgl. tschetschenzisch „*ćauv*" Wunde, Schiefner, Tschetschenz. Stud. 55) ÷ *nišan*. Vgl. Miklosich, Türk. Elem. II, 33.

paxumpar T. *pexompar* D Sjögren, *paxumpar* T Sch 59, 2, *päxumpar* Matth. 3, 3, *paxompar* D M 1, 94, 4 Prophet — np. *paiγambar*.

pacax Sjögren, *patcax* M 1, 20, 1 Monarch, Herrscher, Fürst — np. *padšah*. Auch türkisch, awarisch (Schiefner, Bericht 148), udisch (Schiefner, Versuch 98), vgl. ferner Miklosich, Türk. Elem. II, 36.

peržianay D Perser, persisch, im Tag. *qizilbazay* = türk. *qyzylbaš* (= rothköpfig) Perser, Gauner. Vgl. Miklosich, Türk. Elem. I, 97.

peç Ofen Matth. 13, 42, M II. 78 — russ. *peč*.

pil, *pįl* D, *pįl* T Elephant — np. *pal*, arab. *fil*. Vgl. Miklosich, Türk. Elem. I, 61.

pranç T, *franç* D Franzose — türk. *frenk, frenγ, frenj*.

pristav T — russ *pristavu* Aufseher.

faida M 1, 101, 12, Matth. 16, 26; 25, 16 Nutzen — arab. *faida* Nutzen, bulg. serb *fajda* u. s. w. Miklosich, Türk. Elem. I, 59, Fremdwörter 87, awarisch *paidá*, Schiefner, Bericht 148, tschetschenz. *paida*, Schiefner, Stud. 65.

pisi Ss 34, 2, Klaproth, A. P. 91, *pisi* M II. 84 Baumharz — georg. *pisi* (gr. πίσσα) Pech.

psalmon M 1, 86, 2 Muhammedaner — np. *musalman*, russ. *busurman* Muselmann, awarisch *busurmanći* Rechtgläubiger, Schiefner, Bericht 160. Vgl. Miklosich, Fremdwörter 80, Türk. Elem. II, 30.

räzi T zufrieden, *s-räz-i* M I, 16, 6, *s-räzi is* M I, 34, 25 er war einverstanden, *räzi-dän* ich bin einverstanden M I, 44, 28 — pers. *räzī*, türk. *räzy* zufrieden, serb. *razi* Miklosich, Türk. Elem. II, 44. Arabischen Ursprungs.

räxes D Sjögren, *räxis* T, Sch 32, 30, M I, 70, 8 Kette — awarisch *raxas* Kette, vgl. Schiefner, Versuch 51, Bericht 167. Woher stammt das Wort?

sábat M I, 18, 9; 52, 16, Ss 31, 1 Samstag — gr. σάββατον (aus dem Hebr.), georg. *šabati*, arab. türk. *sebt*, d. *Sabbat*. Vgl. Miklosich, Fremdwörter 124.

säbī junges Kind M I, 104, 18 — arab. türk. *sabī* entfant, petit garçon.

sabur D, *sabir* T bescheiden, sanftmüthig, friedfertig, pl. *saburtä* Matth. 5, 5 die Sanftmüthigen — arab. türk. *sabūr* geduldig, kurd. *sebr* Geduld, kurinisch *sábur*, Schiefner, Bericht 201, tschetschenz. *sabur*, Schiefner, Stud. 58, serbisch *sabur* etc. Miklosich, Türk. Elem. II, 46.

sahát Sjögren, *saxat* Ss 30, 2, M I, 46, 18; 86, 11 Stunde — arab. *sā'at*, vulg. türk. *sahat*. Vgl. Miklosich, Türk. Elem. II, 46.

sai D Fünfkopekenstück — np. *šahī* (von *šäh* König).

saitan Matth. 4, 10 — arab. *šaitān*, pers. türk. *šaitān*, klruss. *šajtan*, Miklosich, Türk. Elem. II, 62, Fremdwörter 126.

salamtä jırdtoi Marc. 9, 16 sie grüssten (sagten Grüsse) — arab. *salām* (Friede) Gruss.

salbaro lange weite Hosen, Klaproth, Reise 213, A. P. 92 — np. *šalvār* Unterhosen, türkisch: weite Ueberhosen. In sehr viele Sprachen übergegangen: arabisch, türkisch, kurdisch, udisch (Schiefner, Versuch 91), slavisch (Miklosich, Fremdwörter 128, Türk. Elem. II, 62), litauisch (Leskien und Brugmann, lit. Volkslieder und Märchen p. 345).

san Ss 36, 2, *sän* Sch 41, 5, Matth. 9, 17, *sän* T, *sänä* D, M II, 35, 5 v. u. Wein — „heisst im ganzen westlichen Kaukasus so", Klaproth. A. P. 96, abchasisch *zana*, *sana* Klaproth, Atlas V, tscherkessisch „*sän*" (Loewe, Dictionary of the Circassian language, CXXVI). Dazu *sän-don* Weinberg Matth. 20, 2; 21, 39, *sandagin* Kelter Matth. 21, 33.

sajion Sch 45, 6 Seife — georg. *saponi*, arab. pers. türk. (*sabūn*) kurd. awarisch, udisch, thusch etc., ital. *sapone*. Weit verbreitet. Miklosich, Fremdwörter 124, Türk. Elem. II, 46, Ahlqvist, Kulturw. 123, Thomsen, Einfluss der germ. Sprachen auf die finnisch-lapp. 168.

sarγ M I, 108, 4, Sch 7, 26, Ss 36, 1, M II, 72—73 Sattel — arab. pers. *sarj*, afgh. *sarγ* Sattel.

sandäjer Matth. 13, 45; 25, 27 Kaufmann, Wechsler — np. *saudagär* Handelsmann.

sax T der persische Schah — np. *šāh*.

saxar Matth. 2, 6; 4, 5 u. s. w. Stadt — np. *šahr*, türk. *šehr*. Vgl. Miklosich, Türk. Elem. II, 62.

säy Sch 81, 9, *sag* Ss 34 Hirsch — thusch *sag* Hirsch, Schiefner, Versuch 129 — tschetschenzisch *sai*, Fr. Müller, Grundriss der Sprachw. III, 159.

säkär Sch 38, 14 Zucker — np. *šakar*, türk. *šeker*, georg. *šakari*, thusch *šakar*, Schiefner, Versuch 128. Vgl. Miklosich, Fremdwörter 82, Türk. Elem. II, 62.

smak D, *smag* T, Ss 32, 2, M II, 81 Geruch, *smág känjn* stinken M I, 54, 15, Sch 69, 2 klingt wohl nur zufällig an kluss. poln. *smak* gustus, sapor, nserb. *šmek*, Miklosich, Fremdwörter 126, aus dem Deutschen (mhd. *smac*) entlehnt, an.

sujine D, *sujin* T, *sujin* Ss 36, 1, *sojinä* D M II, 34, *sojinä* D M I, 108, 8 v. u., *sujin* T M II, 34, *sūjin* T M II, 109, Matth. 19, 24 Nadel — np. *sōzan* (*suzan*?), baluči *sīšīn* (Dames 90), kurd. *sujin* (Justi-Jaba 264, 1), waxī *sic*, sariqolī *sīc*, skr. *sūčī*, *sūčī* Nadel, zd. *sūkā* Nadel —?

Die indischen Wörter stimmen lautgesetzlich nicht zu den iranischen. Tomaschek, Pam. Dial. 71 vermuthet, dass die iranischen Wörter aus dem Indischen stammen. Miller II, 79 hält das ossetische Wort für entlehnt. — Vgl. *sojindon* D Nadelbüchse — np. *sozandan*.

som T ein Rubel Silber „aus dem tatar. *som*" (Rubel) Sjögren. Auch vom Syrjänischen entlehnt: *söm*, Ahlqvist, Kulturw. 191, vgl. Wiedemann, Syrj. deutsches Wörterbuch p. 300: *söm* Schuppe, Geld, Münze.

somiex D, *somix* T Armenier — georg. *Someri*, thusch *Somxo-w* (Schiefner, Versuch 130).

sóqur M I, 26, 17; 28, 14 blind — osttürk. *soqār* („in the Kàzzàk dialect) Shaw, p. 125.

suari T Fünfkopekenstück — georg. *sauri* cinq copeks russes.

top, ťop, ťoṗ Ss 36, 1, M I, 20, 32, *ťoṗb* Sch 73, 8 Flinte — türk. *top* Kugel, Geschütz. Dazu *ťopjį* M I, 22, 15 Kanonier — türk. *topjy*, Zenker: *topčy*, ebenso osttürkisch, Shaw p. 71. Vgl. Miklosisch, Türk. Elem. II, 76.

ťavärāq D M I, 96, 5 v. u. Ueberlieferung — arab. (pl.) *tavārix* Geschichte, sg. *tārīx* georg. *ťariži* histoire, date, nombre, „balkar. *tauráx*" M II, 116.

tamáko, tamaka Sjögren, *ťamako* Ss 35, 1 Tabak — georg. *ťambaťo*, ingusch. tschetschenz. *tamako*, Klaproth, Reise 156.

ťaräsťä (pl.) Sch 42, 6 Gewichte — pers. *taräzā*, türk. *terazy* Wage, Gewicht, georg. *ťarazo* niveau, instrument de maçon, kürinisch *teréz* Wage, Schiefner, Bericht 208, mokschamordwinisch *teraza* Gewicht, Ahlqvist, Gramm. 176. Vgl. Miklosich, Türk. Elem. II, 73.

ťaukel D, *ťaučel* T frisch auf! — arab. *tavakkul*, türk. *tevekkül* Gottvertrauen, kurd. *terekil*.

ťewa Sch 7, Nr. 28, Ss 34, 1, *ťeva* Matth. 3, 4; 19, 24 Kameel — türk. *deve*, magy. *teve* (Vambery, Ursp. d. Magy. 571), osttürk. *tuwa* a camel, *tuwa* a two-humped camel (Shaw, Vocab. 88 und 70). Vgl. Miklosich, Türk. Elem. I, 47.

ťumán T 10 Rubel Silber, *ťämán* M I, 18, 4 — np. *tūmán*, osttürk. *tumon* Goldstück von etwa 5 Thaler (Zenker[1]), georg. *ťamani* dix roubles.

aruss D, *uriss* T Russe — türk. *urus*.

fasmon-ťanin D, *fäsmon-ťänin* T reuen, bereuen, *fasmon* Ss 32, 1 Busse, *fäsmón* M I, 40, 12. II, 51 Reue, *örfäsmon-ťodťa* er bereute M I, 14, 14 — np. *pašēmān*, türk.

---

[1] O-türk. *tuman* = zehntausend, Shaw p. 69.

҄ѕѵѳ (pišman) reuig, bereuend, betrübt, kasikumuk. ҄ѕѵѳ traurig, Schiefner, Bericht 119, awarisch pašmin traurig, Schiefner, Bericht 149, bulg. pišman etc. Miklosich, Türk. Elem. II, 41.

ᴊändir M I, 9. Anm. 3; 18, 14 Zither mit 2 Saiten, Balalaika — georg. panturi, thusch pandur, Schiefner, Versuch 142, tschetschenz. pandur, Schiefner, Stud. 65, arm. pandirn, gr. πανδοῦρα (de Lagarde, G. A. 274), ital. ҄ѕѵѳ, franz. pandore, d. Pandore, russ. bandura, poln. ҄ѕѵѳ, Miklosich, Fremdwörter 76.

ᴊine D, ᴊin T, ᴊing M I, 48, 2 v. u., II, 86, Sch 29, 2; 32, 1; 38, 2 Tisch, Esstisch, Altar — gr. τράπ Tafel, Teller, georg. ҄ѕѵѳ plat, arm. pnak, udisch pinak, Schiefner, Versuch 98, ҄ѕѵѳ Ss 29, 2 Meer — ingusch. furt Meer? Klaproth, Reise 161, 197.

xabar M I, 88, 7, 11, 112, Sch 98, Nr. 7 Nachricht, Botschaft, Neuigkeit — arab. xabar Nachricht, auch pers. türk. Vgl. Miklosich, Türk. Elem. 1, 70.

xaiwantä (pl.) Matth. 23, 17 Narren — arab. hai van, türk. Lastthier, dummer Mensch, Tölpel.

xan Chan, König, Kaiser — pers. türk. xan, georg. xani. Dazu xanat T das Chanat.

҄ѕѵѳ Matth. 19, 21, xäsna Matth. 6, 21 Schatz — arab. xazīna, vulg. türk. xazna.

xondädér T, xondicjer D der türkische Sultan — nach Sjögren: türk. qandöger Blutvergiesser (qan Blut, dökmek vergiessen), nach Nöldeke richtig: pers. xudavendigär Herr, Fürst, verkürzt xondigär, volksetymolog. auch zu pers. xankār, türk. xunkar Oberherr (= Blut-macher) entstellt.

҄ѕѵѳ (abl.) roh (ungekocht) M I, 24, 26 — np. xām roh, georg. xami dur, rude, brute, non mûr, crû, kürinisch xam wild, Schiefner, Bericht 165.

xurjin Quersack, Tasche M II, 79, pl. xörjentä M I, 36, 1 v. u., 38, 6, ҄ѕѵѳ Matth. 10, 10 — np. ҄ѕѵѳ Mantelsack, balučī hurjīn, hörjīn saddle bags, georg. ҄ѕѵѳ sac que les cavaliers portent à la selle, awarisch ҄ѕѵѳ Quersack, Schiefner, Bericht 118. Vgl. ZDMG 36, 130. Justi-Jaba, Dictionnaire 154.

čažar Knecht, Magd Matth. 18, 26; 21, 34. Luc. 1, 38, Ep. Jac. 1, 1 — tscherkess. „tschagar" der dritte Stand bei den Tscherkessen (1. Fürsten, 2. Usdenen, 3. Tschagaren, 4. Sklaven, Bergé, Lieder und Sagen des Tscherkessen-Volkes p. 118).

čärgäs Sch 73, 12, Matth. 24, 28 Adler — wogulisch čarges Adler, Klaproth, A. P. 191, wotjakisch juges Adler, Wiedemann, Syrj. deutsch. Wb. 473. Von np. kargas Geier (balučī Kargaz, afgh. gargas)?

čiriq T Sch 33, Nr. 41 (dig. čuluq) Stiefel — türk. čaryq. „balkar. čuruq" M II. 116.

čila Ss 36, 2 Seide — awarisch „čillāi" Seide. Schiefner, Bericht 124.

čiräγ D, čjräγ T, čiräγ M I. 88, 9 Licht — np. čiräγ. Auch im Türk., Georg., Awarischen, Kasikumükischen, Thusch etc. Dazu čirаγdarän Matth. 5, 15 Leuchter (Licht-halter von daran halten, s. p. 35, Nr. 102).

Hierzu kommen nach W. Miller noch folgende (mir zum Theil ganz unbekannte) Fremdwörter:

aw-dеа Wasser-dämon, Wassermann M III. 32, np. āb Wasser und dēv. — avón prikrytie (Bedeckung), balkarisch[1] avaná M II, 108. — armuka Jahrmarkt, russ. jarmarka M II, 69, jarmonka, deutsch Jahrmarkt, vgl. Miklosich, Fremdwörter 94. — bočka, russ. bočka (Fass, Tonne) M II, 78, georg. bočka. — boco-ťä Bart (Sch 48, 5), „entlehnt" M II. 80, vgl. tscherkess. „раатсе" M II. 85? — bälk Rettig. georg. boloki M II. 69, thusch bolok (Schiefner 145). — bunt, munt, russ. buntŭ Aufstand, deutsch Bund M III, 29. — galvan Thurm, „georgisch" M II. 108 (vgl. „galoan grus. Festung" Ss 35, 1). — gatjá Hündin Sch 71, 9, godča M I, 102, 10, balkarisch gатčá M II, 114. — guzáwrä Unruhe — balkarisch guzawrá M II, 115. — äfsápä (M I, 98, 19) Anordner, Speisewirth, „kabardinisch" M II, 84. — zmīs Sand (dig.

---

[1] Für das Balkarische stehen mir Hülfsmittel nicht zu Gebote. Die Sprache ist, wie die der nahe verwandten Karatschai, tatarisch. Vgl. über die Balkaren Klaproth, Reise I, 533, 534 (der Weg von den Digoren zu den Balkaren), Bergé, Sagen und Lieder des Tscherkessen-Volkes, p. X, Miller I, p. 162, Anm. 23.

äznesä), balkarisch jzmez M II, 114. — zoko M II, 115. kozo M II, 68 Pilz, Schwamm, georg. kozo M II, 115, thusch zok, georg. zoko Pilz (Schiefner, Versuch 131). — jabïr (Sch 33, 41) Schuh, „vgl. balkar. čabyr" M II, 112. — jaumá (Sjögren 392: jauman) Sache, „entlehnt" M II, 79. — jürj (Sch 68) Sau, „georgisch" M II, 79 (?) — yeminá Pest, Seuche, balkarisch emina M II, 115. — kabuska Kohl, russ. kapusta M II, 69, thusch kobost, georg. kombosto (Schiefner, Versuch ü. d. Thusch-Sp. 118). — kalači (Sch 42, 2) ein russisches Gebäck, russ. kalačü M II, 69. — kälät Reif, Bogen (M I, 68, 16 Halsband), georg. kalata (Tschoub. 234) Korb M II, 69 ?. — kanau Graben, russ. kanava M II, 69. — kuler Courier, russ. kurerü M II, 69. — kumjx stumpf, balkarisch gymyx M II, 70. — kunjix (Sch 45, 9) Klotz, georg. kunji (Tschoub. 255, 1) tronc d'arbre M II, 69. — kurupa Buchweizen, russ. krupa Grütze M II, 69. — kozbáu fokusu, balkarisch közbáu M II, 113. — qadamá (qadamantä Marc. 5, 4, Ep. Jud. 6) Fesseln — balkarisch qadamá M II, 115. — qotjr Aussatz (Matth. 8, 3), „vgl. balkarisch qotur" M II, 112. — miči Topas, balkarisch myčä M II, 115. — nakazan Strafe — russ. nakazanie M II, 69. — nalát' Gesindel, verflucht, „vgl. balkar. nalat" M II, 107. — näzi (Sjögren: näzi T, näzi D) Fichte, balkarisch nazy krasnoje derewo M II, 115 (thusch naj, georg. najvei Tanne? Schiefner, Versuch 141). — palët', russ. epoletü M II, 84. — polk Regiment, russ. polkü M II, 69. — sajadaq, balkarisch sadaq Armbrust M II, 116. — sant'adä Stutzer, balkarisch santadam M II, 115. — sarjy čalma, balkarisch saryx M II, 116. — sälsär windig, Windbeutel, „vgl. balkar. sylxyr" M II, 112. — skola Schule, russ. skola M II, 69. — čabü Ausruf beim Gebet (čabu M I, 102, 8 v. u.), balkarisch = um Gottes Willen, M II, 115 (?). — čübäj Teller, balkarisch tabaq M II, 102, osttürk. tabaq a dish (Shaw 136), arab. ṭabaq. — čoxoná Ofen, balkar. toxaná warme Räumlichkeit einer Fürstin M II, 114. — čjmbil (dig. čumbul) rund, vgl. balkar. tymmyl M II, 112. — unäffä (M I, 24, 12) Rath, kabardinisch unäffa M II, 115. — xala Faden, balkarisch xalá M II, 114. — xat'ir (Luc. 14, 18) Verzeihung, balkarisch *xatyr* M II, 112. *xämpüx* weich, locker, balkarisch *xampuk* weich M II, 114. — *çat'r* Zelt M II, 78, np. *čäder*, georg. *çadri*, thusch *çadr* Schleier (Schiefner, Versuch 124), etc. Weit verbreitet. Miklosich, Türk. Elem. I, 35. — *çägät* die der Sonne nicht zugewandte Seite, „vgl. balkar. *čeget*" M II, 107. — *çibji* Pfeffer, balkarisch *čibiji* M II, 115. — *çibįr* kurz, „vgl. balkar. *čubyr*" M II, 112. — *çindá* Strumpf, balkarisch *čindai* M II, 114. —

In einigen Fällen wäre es wohl möglich, dass die Osseten nicht die Empfänger, sondern die Geber gewesen sind, doch kann ich eine Entscheidung darüber bis jetzt nicht treffen.

Bei der Entlehnung finden mancherlei kleine Veränderungen des lautlichen Materials statt, wie Umstellung von *r* und *l*, Ersetzung von *b* durch *m*, von *w* durch *b*, von *γ* und *h* durch *x*, von *q* durch *x* etc. Regelmässig ist die Ersetzung der *š*-Laute, die im Ossetischen nur unter bestimmten Bedingungen auftreten, durch die entsprechenden *s*-Laute: so von *ǰ* durch *j*, von *č̣* durch *ç*, von *š* durch *s*.

NACHTRÄGE UND BERICHTIGUNGEN.

Mit BJ bezeichne ich im Folgenden das russisch-ossetische Wörterbuch des Bischofs Joseph (russko-osetinskij slowarı sı kratkoju grammatikoju. Sostawilı Josifu Episkopu Wladikawkazskij. Wladikawkazu 1884), das mir Herr Dr. v. Stackelberg auf einige Zeit zur Verfügung gestellt hat, mit Gass. die Schrift: Nazwanija rastenij i žiwotnyxu na osetinskixu narěčijaxu (Benennungen der Pflanzen und Thiere in den ossetischen Dialecten) von Gassiew (mit Beiträgen Anderer), aus den Nachrichten d. k. russ. geograph. Gesellsch. (kaukas. Abth.) VIII Bd. I Heft. Ich verdanke auch diese Schrift sowie die alttestamentliche Geschichte des Bischofs Joseph (Wladikawkaz 1881) der Güte Ws. Miller's.

Zu p. 1, Anm. 1. Sjögren's Bemerkungen, Osset. Spr. p. 23, sind doch wohl richtig, aber meine frühere Auffassung der ossetischen tonlosen Africaten war falsch. Man muss nur beachten, dass die ossetischen Tenues mit Kehlkopfverschluss energischer klingen als die Aspiraten mit sehr schwachem Hauch (M H, 18—19), dass also entsprechend auch c und $č$ kräftiger lauten als ch und $čh$, und somit die Sjögren'sche Umschreibung, welche die Zeichen $t + c$ und $t + č$ für die mit Kehlkopfverschluss gebildeten c und $č$ verwendet, gerechtfertigt ist.

p. 3, § 10, 5. lies: dass 5) ä ebenfalls stets kurz ist.

p. 4, Anm. 2. Ich betone nochmals, dass ich nur aus Sparsamkeitsrücksichten die Zeichen k, t u. s. w. für die Tenues mit Kehlkopfverschluss, die Zeichen $k̓$, $t̓$ u. s. w. für die

Tenues mit schwachem Hauch verwendet habe. Brauchen jene Rücksichten nicht zu gelten, so gebe auch ich der Lepsius'schen Umschreibung (k', t' u. s. w. — k, t u. s. w.) durchaus den Vorzug.

p. 5, Anm. 3. Dazu auch *ärci* Schuh, Schneeschuh M I, 64, 19; 126, Nr. 99, *ärci* Sch 35, Nr. 42.

p. 6, 19). Das von Miller beobachtete *p* (meiner Transscription) wäre danach die reine Tenuis wie russisches *p*. Letzteres wird freilich bei Entlehnungen aus dem Russischen mehrfach im Ossetischen durch *p* (Tenuis mit Kehlkopfverschluss) wiedergegeben anstatt durch *p*. Vgl. M II, 25.

p. 17. Zu *ädjxäi* füge: *fä-ädjx-ḱodtoi* sie entkräfteten (ihn) Sch 48, 15.

p. 18, Nr. 6. *avinjin* bei M II, 78 ist eine falsche Form, es ist dafür *annjin* T = *avinjan* D (M II, 172) zu setzen.

p. 19, Z. 1. Füge hinzu: skr. *saha* mit (= *sadha*), altp. *hada*.

p. „ Nr. 15. F. h. tag. *ämxaidjn* Theilnehmer Sch 56, 3 (von *xai* Theil), *ämjixäi* (abl.) einmüthig Sch 56, 15 (von *jix* Mund); dig. *äxxäťinä* M I, 114, 11 Fahrtgenosse, „Ge-fährte" (von *xäťin* wandern Sch 78, 12, *xäťinj* *çäun* auf Raub ausgehen M I, 52, 6; 70, 18), *änbadinä* M I, 114, 11 zusammensitzend (von *budin* sitzen).

p. 20, Z. 2—3. Dem dig. *äusuwär* entspricht tag. **ämsjwär*, das durch **äwsjmär* zu *áfsjmär* wird. Es ist also **ärsjmär* für **äwsjmär* zu lesen. Vgl. p. 109.

p. 20, Z. 6. F. h. skr. *asmin*.

p. 21, letzte Z. l. *onçayun* für *onçayun* und f. h. *änçayun* D, *änçain* T aufhören M II, 176.

p. 22, Z. 18. F. h. Für zd. *honkar-* sollte man freilich im Ossetischen *angar-* erwarten, vgl. p. 100.

p. 24, Nr. 32. F. h. *ord xärin* schwören Marc. 14, 71.

p. 24 Z. 14 l. *ärdäg* T für *ärdäg* T.

p. 26, Z. 3. Das hier und sonst noch (z. B. p. 56, § 229) erwähnte Druckfehlerverzeichniss ist das zu M I oder M II, hier also zu M II gehörige. Zu M I giebt es übrigens zwei Druckfehlerverzeichnisse, ein längeres und ein kürzeres, das letztere ist meinem Exemplar beigegeben, jenes zur Zeit mir leider nicht erreichbar.

p. 26, Nr. 46. F. h. *ärsinäg* T, *ärsinöngä* D wilde Taube Gass. 23.

p. 26, Nr. 48. F. h. Auch im Vocalismus passt *ärsist* nicht zu zd. *ršusta*, vgl. p. 83.

p. 28, Nr. 55. F. h. *bärzägi* auf den Hals Sch 46, 9.

p. 28, Nr. 57. l. lit. *bérias*.

p. 29, Z. 12 (wie 27, 3) ist *baluči* fälschlich cursiv gedruckt.

p. 30, Nr. 72. F. h. *cärtjin-cäfs* T, *cärtgincäfsä* testudo, Gass. 26.

p. 31, Nr. 78. F. h. *cärigk* T, *cärigkä* D Lamm, Gass. 22.

p. 32, Nr. 83. F. h. *scomin* ausspeien, praet. *scomton* BJ 68.

p. 33, Nr. 86. Hier ist *gada* in der Nominativform statt in der Stammform (*gada*) aufgeführt. Ebenso *hizra* p. 18, *gaesa* p. 33.

p. 34, Nr. 97. Die Zusammenstellung ist falsch, falls die urspr. Bedeutung von *darin* 'wegnehmen' ist, vgl. *ärbädaroi* sie nahmen, ergriffen M I, 66, 19, *rädaota* er zog (ihn) heraus M I, 42, 3.

p. 34, Nr. 98. F. h. *dälä* T herunter M I, 84, 31; *dälä* D unten M I, 102, 2, und zu zd. *adara*; skr. *adhara*.

p. 35, Z. 2. F. h. *darzdim* BJ 100.

p. 36, Nr. 107. F. h. *dumätong* D Schwanzriemen M I, 108, 22 (aus *dumä* Schwanz — *itong*?).

p. 36, Nr. 110. Besser als *cäzäg* ist doch wohl die Form *razäg* Gast und demgemäss *razägdon* (Sch 93, 16—17) Gastgemach.

p. 36, Nr. 111. F. h. pte. *digd* T, *dugd* D M II, 174, praet. *irdigton* BJ 104.

p. 38, Nr. 119. F. h. *änusjinad* Ewigkeit, *änus-mä* (adv.) ewig BJ 79.

p. 38, Nr. 121. Für tag. *äfsärm* ist wohl *äfsärm* zu setzen, vgl. BJ 517; *äfsärm*, BJ 137; *ärsärmijinad*.

p. 41, Z. 5 v. u. F. h. skr. *arya*.

p. 44, Nr. 155. F. h. *käron* Ende, Seite M I, 86, 13. Sch 31, Nr. 19.

p. 16, Nr. 169. Zu dig. *limän* f. h. M I, 108, 17, zu tag. *ljmän* Matth. 20, 13.

p. 18, Nr. 182. Vgl. Gass. 28 *mälix* T, *sarinjxo* D Heuschrecke.

p. 49, Nr. 186. Dig. *mëdágkäi* = *mëday* - *äi* entsprechend tag. *-midäjï* (dig. *äi* = tag. *i* 3. p. praes. = ist).

p. 49, Nr. 189. F. h. *mjst* T, *mjst* Ss, *mistä* D Gass. 21.

p. 50, Nr. 190. Vgl. BJ 98 *dälimon* = Dämon.

p. 51, Nr. 203. F. h. *banjkgädtoi* sie bestatteten (ihn) Sch 50, 15.

p. 52, Nr. 205. l. skr. *navadaça*.

p. 54, Nr. 214. Für Miller's *räjing* hat BJ 301: *runjig*, pl. *runjgutä* Fenster, ebenso derselbe in seiner alttestam. Gesch. 14, 3 v. u., 11 v. u., was weniger gut zu zd. *raočana* passt.

p. 55, Nr. 221. F. h. np. *šikastan*.

p. 55, Z. 7. l. 38, 424 für 38, 6.

p. 56, Nr. 233. F. h. *stur* T, *stor* D Hornvieh. Gass. 16.

p. 58, Nr. 242. Die Vereinigung des ptc. *täwd* mit dem praes. *tain* macht mir hinsichtlich der Lautverhältnisse bis jetzt Schwierigkeiten: man erwartet *tud* von *tain* (vgl. p. 76, § 3 und BJ 524: praet. *tadti*), wie man von einer Wrzl. *tav* : *tud* erwarten müsste. An ein subst. *täwd* Hitze (vgl. § 247) lässt aber Miller's russische Version (i rastajawšij na solncě medu teku na zemlju) nicht denken. Ich übersetze den dig. Satz: *ma xóri täwdäi i mud kádtäi geyä zänxämä tä;däi* M I, 96, 5 demgemäss durch: und in der Sonne geschmolzen der Honig welcher da war, dieser floss zur Erde herab, indem ich wegen der Construction Sch 71, 9 vergleiche: *ämä njxasj äftjdäi çi läundi* und in der Versammlung umgefallen wer (von den Narten) da lag.

p. 59, Nr. 247. Für *stawd* erhitzt l. *s-tawd va* (wenn) sie heiss wird, vgl. Sch 49, 12: *s-tawd njäni* wird heiss werden.

p. 59, Nr. 249. Dazu gehört wohl auch: *äxtong* Bauchgurt Sch 45. 7. *damétong* D Schwanzriemen M I, 108, 22,

ŋeſtóŋgäi (abl.) geputzt M I, 100, 5. 4 v. u., *siſtiſtoi*
sie luden (die Kanone) M I, 22, 14.

p. 59, letzte Z. l. *ṣthīv* für *sthīv*.

p. 60, Z. 18 v. u. l. *vakē*.

p. 60, Z. 12 v. u. l. *yä välätä* von oben her M I, 82, 2 =
yä välätä von oben her („von Süden" Miller) M I, 82, 10.

p. 60, Z. 9 v. u. f. h. *väläbäl* D oben (= auf Erden) M I,
112, 4 = *väbänd* T Sch 37, 12.

p. 60, Z. 8 v. u. f. h. skr. *upari*.

p. 64, Nr. 272. Die Begrüssungsformeln s. bei Sjögren,
Sprachl. p. 271—272.

p. 64, Nr. 273 f. h. *fändä* D M I, 112, 10.

p. 66, Nr. 280. *fäs-fänday* bei BJ 435 = Feldweg, Seitenweg. — *fäs* wohl noch in *fäsnomiy* Fabel (BJ 8, wovon *fäsnomiynixus* Gleichniss im N. T.), *fäsjärin* Magd Marc.
14, 69?

p 66, Nr. 286. Zu arm. *pinč* hat Tomaschek (D. Litteraturzeitung 1883, p. 1254) das georg. *pinčvi* Nasenloch
(Tschoub. p. ...) gestellt, zu dem auch das oben angeführte abchasische Wort für 'Nase' gehören wird.

p. 67, Z. 6 v. u. l. 'das sich' für 'dass ich'.

p. 69, § 302 l. zd. *xuoda* für *xuoda*.

p. 71, Nr. 311. *baxussti* kann nicht (wie *baxusći*) von *xusk* abgeleitet werden, es setzt ein Verbum *baxussin* voraus. Dazu
vgl. BJ 136: *baxussin*, praet. *baxusti* trocknen, *xust*,
baxust trocken. So braucht auch *xus* nicht aus *xusk* durch
Abfall des *k* entstanden zu sein. Man vgl. also mit
baxussin: skr. *çúṣyati* trocknet, zd. *anhaošemna* nicht vertrocknend, mit *xust*: zd. *husta* trocken (nach Darmst.
für Justi's *husata*), mit *xus* Dürre: skr. *çōṣa* das Austrocknen, Trockenheit, np. *xōš* siccus, aridus, wovon
xōšidan exsiccari, exsiccare. Dann braucht auch *xusk*
trotz seines *k* nicht aus dem Np. (*xušk*) entlehnt zu sein.

p. 73, Nr. 323 l. (*ẹin* aus iran. ...) für (*ẹin* aus ...).

p. 74, Z. 12 v. u. l. *auajin* hangen.

p. 75, Z. 4 l. zd. *haarva* für zd.

p. 75, Z. 5 streiche *haarva* und l. *dalä* (neben *däbä*) für
dalä.

p. 76, Z. 15 l. ánçain, dig. ánçayun.

p. 78, Z. 9 l. skr. hiraṇya.

p. 80, Z. 12 l. skr. für shr.

p. 80, Z. 4 v. u. l. praet. çárdī.

p. 81, Z. 2. Vgl. çä͏̈rdin zwenëtï, zwonitï BJ 139, conj. çä͏̈rdon, praet. çáxta M I, 18, 14—15 (die Zither) schlagen.

p. 83, Z. 12 f. h. äxsinäg T, äxsinängä D nach Gass. 23.

p. 84, Z. 14 l. xoniṇ für xonin.

p. 84, Z. 22. Zu ținjin vgl. die Nachträge zu p. 59.

p. 84, h. F. h. j für urspr. a auch in amịd das gebaute Luc. 14, 30, amịdțịtä Gebäude neben amodt (s. p. 47, § 176) und im Praet. von baidain anfangen: báidịdta sie fing an M I, 16, 4 (neben dig. baidáttou M iI, 176).

p. 85, § 8. Schluss. Dass dieses anlautende i auch im Tag. ursprünglich vorhanden war, beweist der Umstand, dass es nach Partikeln auf a erhalten ist (baidain anfangen, baizain bleiben, baixärịn theilen etc. Sjögren) und mit dem ä vorhergehender Partikeln sich zu ē verbindet: fēçastou M II, 60 etc.

p. 87, § 11. Zu u = vị f. h. aunjin T = avinjun D hängen.

p. 88, e. Beachte auch dig. urax, tag. várär = zd. couru, skr. uru (urspr. ṛṛṛu)? Sonst ist jedenfalls der r-Vocal in der Regel im Ossetischen durch ar, är, al, äl vertreten.

p. 89, Z. 1—2. Vgl. Nachtrag zu p. 56. Also tag. stär = zd. staora.

p. 89, Z. 15 l. jur für jur.

p. 89, Z. 16 l. gr, jṛ für gṛ, jr.

p. 89, Z. 8 v. u. Sollte, da der Uebergang von s in y hier vereinzelt wäre, osset. mäi auf ein urspr. mähya Monat zurückzuführen sein? Vgl. p. 80, § 5, e.

p. 92, Z. 2 v. u. l. np. xušk für zd. huška.

p. 94, Z. 9. Vgl. wegen rājiṇg den Nachtrag zu p. 54 und l. aunjin für avinjin.

p. 96, Z. 3. Für skr. paraçu wäre osset. färäs zu erwarten, weshalb färät auffällig bleibt. Idg. k¹ wird wohl im Altp. zu ç, nicht aber im Osset. zu t.

p. 98, § 24, b. F. h. als Anmerkung: Das Dig. hat mehrfach *b*, wo im Tag. *w* erscheint:

    sibŭljä D (M I, 108, 6; 112, 29), *siwilj* T Korkulme, Gass. 6,

    zäbäl D, *zäwäl* T (M I, 76, 6) Ferse,

    jubildar D, *jiwildar* T Meise, Gass. 24,

    zärbätigk D, *zärwätigk* T (Sch 31, 11) Schwalbe, Gass. 24,

dagegen soll nach Gass. 20 der Marder tag. *sälibir*, dig. *sälitur* lauten, während als tag. Form bei M I, 52, 17 *säläwir* erscheint.

p. 99, Z. 14. *'xär* Sonne, zd. *hvarĕ* gehört unter eine besondere Rubrik: *xä* = zd. *hva*, skr. *sva* (*sva*).

p. 101, Z. 14 l. *istun* für *istun*.

p. 102 Z. 5 v. u. l. *farast* für *furast*.

p. 107, Z. 6 v. u. F. h. dig. *çuluq* = tag. *çizu* Stiefel (vgl. p. 134).

p. 108, § 35, d. Vgl. *äwzis* Silber gegenüber wotj. *azves* (vgl. p. 119).

p. 108, § 35, g. Vgl. *zyäliu* T = *äzäliu* D M II, 179.

p. 109, Z. 9 v. u. l. **äwsimär* für **äwsimär*.

p. 109, Z. 8 v. u. F. h. *ärdin* Bogen zum Schiessen (Sch 43, 4) = dig. *ändurä* M II, 99.

p. 113, Nr. 9. Streiche das über *rusk* bemerkte und vgl. Nachtrag zu p. 71. — Zu *fir* = *funx* f. h. BJ 37, M II, 39.

p. 115, Nr. 13. Hierher alle die Fälle wie *qūsin* T = *izosun* D etc. Vgl. p. 85 und Nachtrag zu p. 85.

p. 119. Zu *abreg* Räuber f. h. *abreg* Landstreicher Ss 39, 1, *abräg* Ueberläufer BJ 338.

p. 119. Zu *awŕeste* f. h. *äwzestä* D M I, 112, 20—21.

p. 120. Zu *babus* Ente f. h. *bäbiz* T, *bäbiź* Ss, *babuz* D Gass. 25.

p. 120. Zu *bulun* Taube f. h. *bälwin* T, *bäliu* D zahme Taube Gass. 23.

p. 121. Zu *bambag* f. h. *bämbäg* BJ 37.

p. 121. Zu *bitna* f. h. *bitina* T, *jitna* Ss, *bétina* Gass. 9. (Die dig. Form ist mir verdächtig.)

p. 123, Anm. Auch Gass. 23 hat in beiden Dialecten *qätz*.

p. 123. Zu *jiranku* f. h. *jiranku* Pfund Joh. 12. 3.

p. 124. *äda* etc. Diese Wörter hätten in den 2. Abschnitt zu den Originalwörtern gesetzt werden sollen, da sie nicht Lehnwörter, sondern weit in der Welt verbreitete Lallwörter sind. Vgl. ved. *tatá* Papa, *naná* Mama, got. *atta* Vater.

p. 124. *zindon* bei M II, 83 russ. tjurma, aber Matth. 11, 23 *zindoni ong* = bis zur Hölle.

p. 125. *izäd* von M I. 120, Nr. 22 zu np. *yazdan* gestellt.

p. 126. *koppa* T bei Sjögren *koppa*.

p. 127. Für *qalaur* D hat BJ 170: *qarazul* T = türk. *qarazul*

p. 127. Zu *qärçiza* f. h. *qärtjiza* T. *qärtžiza* Ss, *qärtjiza* D Gass. 25.

p. 128. Zu *nartuxar* Mais f. h. *närtxor* (= Nartenspeise) T, *närti-xvär* D. aber südoss. *simindi* (aus dem Georg.) Gass. 7. — Z. 9 v. u. l. türk. für Türk.

p. 129. Zu *pil* f. h. *jil* T, *pil* D Gass. 22 und 30.

p. 129. Zu *psälmon* f. h. tscherkess. *bussurman* Klaproth, Reise 1, 568.

p. 132. Zu *tamako* f. h. *tämako* Gass. 13.

p. 132. Zu *tumun* f. h. M I, 118, 10.

p. 133. Zu *jurd* vgl. Joh. 7, 38: *furtä* Ströme.

p. 134. Zu *çazar* vgl. Klaproth, Reise I, 531: die tatarischen Tschegem „haben Fürsten (By), Edle (Usden) und Bauern (Tschagor)".

p. 134. Z. 15 v. u. Zu *boco-tä* vgl. Ss 33, 1 *boćo* Bart.

p. 134, Z. 14 v. u. Zu *bulk* f. h. *bulk* T. *bólgä* D Gass. 12.

p. 134—135. Zu *zoko* vgl. Gass. 4: *zóko* T. *sóko* Ss (= georg. *soko*). *kózo* D. Bei Tschoub. finde ich nur die Form *soko* p. 465.

p. 135. Zu *kurupa* vgl. Gass. 4 und 30: *kuruju*.

p. 135. Zu *näzi* f. h. M I. 52. 11.

p. 136. Zu *çibji* Pfeffer f. h. *çiuzi* T, *çiuzü* D spanischer Pfeffer, Gass. 11.

Ich trage zum Schluss noch folgende Wörter hier nach: *bazatir* Held BJ 81: np. *bahadur*, tscherkess. *bahatyr* Riese Klaproth, Reise I, 591, russ. *bogatyri* etc. Vgl.

Miklosich, Türk. Elem. I, 18. — *bal* T, *bâli* D Kirsche Gass. 3, *baliy cärä* D Kirschenrinde M I, 96, 8: georg. *bali* guignier, guigne, np. *balä*, arm. *bal*. — *broçänli* Granatapfel BJ 89: georg. *brocculi* grenadier, grenade. — *daričini* gwozdika BJ 80: np. *där i čīnī* Zimmet, georg. *daričini*, serb. *darčin* Miklosich, Türk. Elem. I, 45. — *qâdir* T, *qâdir* D Maulesel Gass. 20: türk. *qatyr*, auch im Karatschai und Tschegem, s. Klaproth, Reise I, 518 und 531, georg. *qaturi*, bulg. *kater* Miklosich, Türk. Elem. I, 93. — *qalaba* Ss 37, 1 Lärm, *qalāba* Matth. 27, 24 Getümmel: türk. *qalaba* (arab. *ɣalaba*) Menge, Gedränge. — *sünätlänin* beschneiden Luc. 1, 59: türk. *sünnet etmek*, vgl. Miklosich, Türk. Elem. II, 59. — *tuta* Maulbeere Gass. 14: np. *tūt*, arm. *tut*. — *uluja* Sold Luc. 3, 14: georg. *uluja* salaire, arab. *'ulūfa* (auch np. und kurd.). Vgl. Miklosich, Türk. Elem. II, 80. — *frank* T, *flank* D Löwe Gass. 20: np. *palang* Leopard. — *xarbíz* T, *xarbúz* D Cucurbita Citrullus: pers. *xarbuz, xarbuza*, türk. *qarpuz* Wassermelone, serb. *karpuza* etc. Miklosich, Türk. Elem. I, 92.

Noch einige Fremdwörter, die aus dem Georgischen ins Südossetische eingedrungen sind (wie *kalmazi* Forelle — georg. *kalmaxi* Tschoub. 235 neben tag. *faδrkäsag*, russ. *forelī* Gass. 26), sehe man bei Gassiew, dessen Liste übrigens manches im Ossetischen wohl noch kaum heimisch gewordene Fremdwort zu enthalten scheint.

INDEX
zu pag. 17—73.

Vollständigkeit wird hier nur für das Zend und Sanskrit erstrebt; wo diese versagen, treten die übrigen hier berücksichtigten Sprachen ein. Die beigesetzten Zahlen bezeichnen die Seite. Die eingeklammerten Wörter fehlen oben im Text.

Index d. Zend
mit Altpersisch (ap.).

a-Negation 17.
aipi 17.
airya 41.
aiwi 17.
aiwidama 32.
auraša 61.
aexa 42.
aŋra 42.
axšaęna 26. 139.
azem 19.
aṅhuštu 22.
aša 62.
aδairi 34.
adara 34.
ana- 21.
anaoša 38.
an-ayra 19.
anyu 41.
apa 17. 63.
apuyant 20.
arejaṅh 23.
areδa 24.
arema 21.
areša 21.
avaṣa 62.
avaęra 61.
avaδa 61.

awra 23.
ast 56.
aspa 25.
ašta 25.
ahmakem 49.
ahmi ⎱ 20.
ahmya ⎰
azainti 40.
atare 24.
(i)ri 46.
(i)rič 46.
upairi ⎱ 60.
upara ⎰
ubdaęna 31.
us, uz 54.
ka 42.
kaδa 44.
kau 52.
kafa 68.
kayn 60.
karana 44.
kareta 43.
kas 44.
kasu 44.
kahrkas 44.
kama 45.
keret 43.
kerenaoimi 43.
ku 45.
kuda 45.
xwa 68.

xwaę- 68.
xwaṅhar 70.
xwatō 68.
xwanval 69.
xwafs 70.
xwaraiti 70.
xaoδa 69.
xara 68.
xšap 26.
xši 38.
[xšira] 26.
xšusta 26. 139.
xšvaš 26.
gaęsa 33. 139.
gaona 34.
gaoša 34.
gaδa (Räuber) 32.
gaδa (Keule) 33. 139.
gar (anrufen) 33.
gar (wachen) 41.
garaṅh 46.
garez 33.
garema 33.
gäuš 33.
ča- 71.
čaxra 71.
čaxwarō 72.
čaraiti 72.
čašman 72.
čaiti 71.
čiṣa 73.

čtsi 73.
čtuvih 73.
či-š 73.
zañga 39.
zan (wissen) 40.
zan (erzeugen) 39.
-zaycitē 39.
zar (alt sein) 39.
zaranya 56.
zarešaya 39.
zā (zemō) 39.
zata 39.
ziua 40.
zbur 37.
zvaša 40.
tanrana 59.
tač 58.
tafs 59.
ap. tar 58.
-tara 35.
tara 37.
tapaycīti 59.
tiyra 73.
tuū 37.
tereswīti 58.
taγra 58.
sañjuyciti 59.140—141.
sraγō 25.
sara 37.
duia iš 34.
daęun 35.
daesayčiūti 18.
daošatara 37.
-doūtan 35.
dab 34.
dareγa 35.
dasa 36.
da (geben) 57.
dana 36.
dārayāmi 35.
duma 36.
dereza 35.
dra 37.
drar 37.
nabanazdišta 51.
nar 51.
nara 50.
naradasa 52.
nafya 51.
ni- 51.
nikaūta 51.
ap. ni-pis 67.
   ni-pišta 67.
nurem 52.
nyman 51.
no 50.

nait 54.
paiti 63.
paē 67.
pañča 67.
pañtan 64.
paзanat 66.
paša 63.
paru 64.
parō 64.
pasu 68.
pasča 65.
pyša 63.
pitar 66.
pitu 66.
piraūh 67.
puзra 68.
puiti 20.
peresaiti 65.
peresu 65.
poara 67.
fraš, fraša 53.
feya 46.
fsarema 38. 139.
baerare 28.
bawiši 29.
baūdayciti 28.
bar (reiten) 27.
bar (tragen) 27.
barezîš 26.
bariša 28.
basta 28.
banu 29.
baun 29.
berezant 28.
baзo 27.
brātar 23.
brxašbyam 25.
maidya 49.
mainya 50.
marγa 49.
maηzaiti 49.
mawiri 50.
maγna 26.
mazya 47.
maša 48.
mašaxa 48.
maša 50.
mana 47.
marezaiti 48.
mukrka 48.
maoh 48.
maēšu 48. 142.
mat (mašata) 47.
mat (nicht) 47.
mat (mich) 47.
matar 47.

mazda 49.
mereγa 48.
mereta 48.
merešyn 48.
mereyeitē 48.
myan 47.
yara 42.
yakure 41.
yašmakem 55.
račša 53.
raočana 54. 140.
raoxšna 54.
razayeiti 23.
ap. rāšiy 53.
ramayciti 62.
ap. rāsta 53.
racγa 32.
raenami 32.
raūri 30.
raz 34.
razya 31.
ranū 29.
ram 32.
rar 62.
rareša 27.
rarśni 32.
ra 18.
rata 30.
rara 31.
rareūti 31.
ri 30.
ribāzu 40.
risaiti 41.
reresra 30.
rehrka 28.
rō 30.
roara 63.
saočant 55.
snokarant 55.
sata 54.
saja 55.
saraūh 54.
sareta 54.
sareδa 55.
skeūda 55.
sčiūdayciti 55.
staomi 56.
staora 56. 140.
star 56.
staera 55.
staiti 56.
sna 50.
snarare 50.
spaša 25.
spiš 57.
syara 55.
suxta 56.

10*

suxra 57.
šuraitę 72.
šaiti 22.
ap. šiyāti 22.
šušu 57.
šusta 26
haētu 68.
haurva 19.
haxti 18.
han- 19.
hankārayēmi 22.
haδa 19.
hapta 26
huma 19. 20.
humaṣa 20.
hizvā 18. 139.
hištaiti 42.
huška 71. 141.
ham- 19.
hamtapti 21.
ham + bereiti 20.
hvare 69.

Index d. Neupersischen
mit iran. Dialecten.

bal. ambal 38.
angurdan 22.
phl. anošak 38.
āvextan 18.
bāftan 31.
bahār 30.
barra 31.
binam 32.
boi 29.
bör 29.
buš 28.
čom 72.
čarb 72.
čarm 72.
dam 37.
-dān 36.
darz 35.
di 19.
duva 19.
doš 37.
dōšidan 36.
kurd. dotin 36.
daxtan 36.
dum 36.
sariq. fe7 66.
fireb 64.
qudan 46.
gardan 61.
ges 33.

gesa 33.
afgh. ygl 32.
afgh. yō 46.
hambar 38.
hambār 38.
hamkār 38.
kurd. hāsin 25.
bal. istar 36.
yaftan 42.
yax 42.
kanār 44.
yidgh. karus 45.
waxi karus' 45.
kark 44.
yidgh. kāp 45.
kirim 43.
kör 46.
kōšidan 45.
mālax 48.
marg 48.
mast 48.
pz. matah 48.
mēx 49.
muš 50.
nāf 51.
afgh. narai 51.
nōšidan 52.
nāxun 52.
afgh. { ōspanah } 25.
       { uspinah }
pz. pādez 63.
pahan 66.
pamd 64.
pār 65.
waxi pe7 66.
peš 67.
pōz 66.
reš 53.
rūtan 46.
rišk 46.
rōbah 54.
rux 53.
šāi 22.
šarm 38.
[šikastan] 55.
šir 26.
waxi sūnd 57.
tafsidan 59.
taft 59.
tanuk 59.
tar 58.
tey 59.
tuf 59.
tub 59.
rardaj 31.
rartij 31.
kurd. cark 31.

taqa 19.
xandidan 69.
sariq. xern 68.
rezad 69.
roi 69.
cak 71.
xuspidan 70.
xušk 71. 141.
xrni 68.
xrar-ud 70.
afgh. zyarab 40.

Index d. Sanskrit.

a-Negation 17.
asu 61.
ayra 19.
aṅka 23.
aṅga 41.
aṅguri 22.
aṅguli 22.
aṅguṣṭha 22.
prkr. aṇa 21.
atha 62.
adharaḥ 31.
antu 21.
antya 21.
antara 21.
anya 41.
apa 17.
apa-čita 73.
api 17.
abhi 17.
abhidhānī 32.
abhra 23.
argha 23.
ardha 24.
aruṣa 61.
ayra 25.
aṣṭāu 25.
asthan 36.
asthi 56.
asmakam 49.
[asmin] 20.
aham 19.
[arya] 41.
irajyati 23.
irma 24.
[upari] 60.
nraga 31.
uru 63.
ardhra 62.
armi 62.
rkṣa 24.
ka 42.
kada 44.

— 149 —

kaniyas 41.
kaniṣṭha 44.
kapha 68.
kar (čakarti) 22.
kar (kirati) 43.
kara (Hand) 18.
kama 45.
kamayate 45.
kaç 44.
kaha 45.
krṇomi 43.
kṛt 43.
kṛmi, krimi 43.
kṣaya 26.
kṣi 38.
kṣara 26.
kṣadh 57.
kṣudha 57.
khan 52.
kharu 68.
gada 33.
gar (gir, gur) 33. 40.
gar (wachen) 41.
gar (verschlingen) 46.
gala 46.
gavas 33.
gharma 33.
ghoṣa 34.
čakra 71.
čakṣus 72.
čatvaras 72.
čanas 73.
čam 72.
čarati 72.
čarman 72.
čid 73.
čyavate 72.
čhaga 54.
jaṅgha 39.
j m 39.
jana 39.
jabh 38.
jam 39.
jambha 38.
jar 39. 40.
jarant 39.
janami 40.
jivate 39.
jihva 18.
tak 58.
takta 58.
tanu 59.
tapas 59.
tapta 59.
tamisra 58.
tar (tirati) 58

tara 55.
tarpat 59.
tiṣṭhati 42.
trayas 25.
trasati 58.
trāsa 58.
tvam 57.
tva 37.
tva 37.
tvatta 35.
dabh 34.
dam 36.
daça 36.
da geben 57.
dana 36.
dirgha 35.
duh 37.
deh 35.
deçayati 18.
doṣa 37.
draya 34.
drar 37.
drā 37.
dham 37.
dhayami 35.
dhana 36.
dharayami 35.
na 51.
nakha 52.
nar 51.
nara 50.
naradaça 52.
nas 50.
nabhi 51.
nāman 51.
ni- 51.
namum 52.
pač 67.
pañča 67.
pañčama 67.
pañčadaça 67.
pada 63.
panthan 64.
para 65.
param 64.
paraçu 65. 142.
paras 64.
parat 65.
parçu 65.
paçu 68.
parča 65.
pada 63.
parçva 65.
pitar 66.
pitu 66.
piç 67.
puras 67.

pur 68.
puras 64.
p ra 64.
puru 67.
poça 20.
jati 20.
prathaka 67.
prchati 65.
osādh 53.
priya 46.
phena 66.
badhnami 28.
bandha 28.
barhis 26.
bahula 27.
[budh] 29.
budhna 29.
brhant 28.
bhānu 29.
bhurja 28.
bhratar 23.
bhru 25.
majjan 47.
matta 48.
madhu 50.
madhya 49.
manth 40.
[manyu] 50.
mama 47.
mayakha 49.
ma (mich) 47.
ma (bauen) 47.
ma (nicht) 47.
matar 47.
mam 47.
marayati 48.
marṣṭi 48.
mas 48.
masa 48.
midha 49.
muṣ 50.
muṣika 50.
mrga 48.
mrta 48.
mrtyu 48.
megha 49.
mehati 49.
mriyate 48.
yakrt 41.
yava 42.
yuṣmakam 55.
ram 62.
ra (bellen) 53.
raddha 53.
radh 53.
ric 46.
rip 64.

rakṣa 54.
raj 47.
likṣa 46.
lupiça 54.
cakṣas 63.
rutsa 31.
raṇa 29.
rabh 31.
ram 32.
ṛor 62.
ṛara 27.
rurtani 61.
rartikā 31.
rartra 30.
ras 30.
rasanta 30
rah 31.
rā (oder) 18.
rā (weben) 28.
rêman 28.
ruta 30.
rār 31.
rāç 31.
rāstu 28.
riçati 41.
ri 30.
rrka 28.
rrkṣa 27.
rrṣan 32.
rrṣṇi 32.
rēgu 32.
çatu 54.
çaphu 55.
çarad 55.
çiras 54.
çiçiru 54.
çakra 57.
çaśku 71. 141.
çuka 55.
çočati 55.
çyara 55.
ṣaṣ 26.
ṣṭhīv 59.
sakthi 18.
sapta 26.
sam 19.
sama 19.
samam 20.
sam-tap 21.
sambhrti 20.
sarra 19.
[saha] 19.
siryati 69.
sakara 71.
sêtu 68.
stabh 55.
star 56.

stuka 56.
stuti 56.
stanmi 56.
sthā 42.
sthura 56.
sthūla 56.
snā 50.
suāran 50.
snuṣā 52.
sphigi 57.
sphicān 57.
sphijāu 57.
sru 68.
sratas 68.
srud 69.
sran 69.
sruyam 68.
srur 69.
srusar 70.
srēda 68.
hū (huyalē) 38.
himā 40.
hiranyya 56.
hrd 39.
hrdaya 39.
hyas 19.
hvar 37.

Griechischer Index.

ἀra- 21.
ἄrsv 21.
ἀπὸ 63.
ἐοιή 34.
ἰᾶομαι 69.
λαιος 32.
μύςομ̞ 50.
ὄγκος 23.
ὀδύς 18.
οἶος 42.
ὀείγω 23.
ὄρτυξ 31.
ποιος 60.
πόρτις 67.
πτέω 59.
ῥι- 71.
τίσις 73.
ἐς 71.
ὑγαίνω 31.
ὥr 19.

Lateinischer Index.

garrio 33.
odor 18.
ovum 19.

quies 22.
quietus 22.
rego 23.
spuma 66.
spuo 59.
uncus 23.

Germanischer Index.

g. andeis 21.
d. Angel 23.
g. anþar 21.
d. Birke 28.
d. Ei 19.
d. Fein 66.
ahd. jilawa 65.
g. qari 33.
g. inu 21.
ahd. āno 21.
d. ohne 21.
g. stiur 56.
g. tweifls 34.
ags. thauan 58.
d. thauen 58.
d. Wage 31.
d. weben 31.

Kirchenslavischer Index.

brêza 28.
russ. duli 35.
glasŭ 33.
jaje 19.
koza 54.
lajati 53.
pêna 66.
rota 24.
radi 53.
tajati 58.
tegnati 59.
tiuīkā 59.
rêra 62.
viti 28.
zalo 39.

Litauischer Index.

añtras 21.
bérzas 28.

gärsus 33.
lüźti 47.
szältas 54.
üdłmas 18.

hatanem 63.
handerj 35.
mrjim 50.
neł 51.
pinj 66. 141.

Armenischer Index.

airem 24.
edumn 24.

rugmann, Dr. K., *Zum heutigen Stand der Sprachwissenschaft.* 8°. 144 S. 1885. ℳ 2. 50

Das Literarische Centralblatt (1885 Nr. 24) spricht sich über dieses Werk folgendermassen aus:

„... Es giebt nur eine einzige Methode für Alle, die den Anspruch machen sich wissenschaftlich mit der Sprache zu beschäftigen, mögen sie sich Linguisten oder Philologen nennen. Diese Methode beruht auf der sprachwissenschaftlichen Principienlehre, deren Aufgabe es ist, das Wissen und die Wirksamkeit der in aller Entwickelung sich gleichbleibenden Factoren zu untersuchen. Diese Principienlehre, deren Ausbau in den letzten Jahren versucht ist, ist hervorgegangen aus dem Zusammenfluss zweier Richtungen, die früher lange getrennt neben einander hergegangen sind, der indogermanischen Detailforschung und der philosophischen Sprachbetrachtung, wie sie von Humboldt begründet und namentlich von Steinthal weiter ausgebildet und auf psychologische Unterlage gestellt ist. Eines der dringendsten Bedürfnisse für jeden Studenten der Philologie ist es, dass er sobald als möglich in diese Principienlehre eingeführt werde. Ref. ist mit den klaren und bündigen Ausführungen des Verf.'s vollkommen einverstanden. Sie sind in hohem Grade lesenswerth für Jeden, der sich noch im Unklaren über den Stand der Dinge befindet.

Der Schluss dieser ersten Abhandlung spricht das Programm der neuesten Richtung in der Sprachwissenschaft deutlich aus und legt den Zusammenhang mit der früheren Entwickelung klar zu Tage. Darin liegt die naturgemässe Begründung für den Anschluss der zweiten Abhandlung: Erwiderung auf Georg Curtius' Schrift „Zur Kritik der neuesten Sprachforschung". Es hat ja unleugbar etwas Peinliches, wenn einem Manne von Curtius' Verdiensten so entgegengetreten wird, wie es hier geschieht, aber die Wissenschaft darf sich nicht durch persönliche Rücksichten behindern lassen und die jungen Vertreter derselben haben die Pflicht, ihre Grundsätze nachdrücklich zu vertheidigen. Diese Vertheidigung ist hier, zwar mit ziemlicher Schärfe, aber in durchaus würdiger Weise geführt. Sie läuft darauf hinaus, zu zeigen, dass Curtius den eigentlichen Kernpunkt der Meinungsverschiedenheiten nicht richtig erfasst habe, dass er auf die wahren Motive, die zu den neuen Anschauungen geführt haben, nicht eingegangen sei. Die einzelnen von Curtius angegriffenen Sätze der jüngeren Schule, dass es neben dem lautgesetzlichen keinen sporadischen Lautwandel gebe, und dass die Wortformen schon in den älteren Perioden ebensosehr durch die Analogie verändert worden seien wie in den jüngeren, diese Sätze haben nur allgemeinen Anschauungen und Untersuchungen über das Wesen der Sprachentwickelung und können gar nicht discutiert werden, wenn man nicht auch auf diese allgemeinen Grundlagen sich einlässt. Dass dies Curtius versäumt hat, ist nach des Ref. Ansicht, der daher durchweg Brugmann's Abwehr zustimmen muss."

Osthoff, Herm., *Zur Geschichte des Perfects im Indogermanischen mit besonderer Rücksicht auf Griechisch und Lateinisch.* 8°. X u. 653 S. 1884. ℳ 14. —

Das Literarische Centralblatt (1885, Nr. 7) spricht sich über dieses Werk folgendermassen aus:

Der gedankenreiche Autor hat den Freunden Brugmann und Paul ein Freundesdenkmal gewidmet, das uns den Antheil dieser Trias an dem Umschwunge in der historischen Betrachtungsweise über die Sprache in die Erinnerung ruft...... Auch die vorliegende fördert die so zahlreichen Perfectprobleme, deckt überall neue Gesichtspunkte auf, sucht nach präcisen Formulierungen unklarer Erscheinungen, setzt manchem Dogma die berechtigte Skepsis entgegen und bringt auch nicht zum Wenigsten endgültige Erledigungen von Problemen. Gleich das erste Capitel bezeichnet gegen die bisherige Auffassung des sogen. ē-Typus (got. sētum, skr. sēdima, lat. sēdimus) einen Abschluss: Osthoff kommt auf Grund von skr. sīdāmi (für si-zd-ō) und von gr. ἴζω (für si-zd-ru), zu dem unzweifelhaft richtigen Resultat, dass se-zd- und sēd- als gemein indogermanische Typen des schwachen Perfectstammes zu gelten haben und holt als die einzigen Repräsentanten des ē-Typus im Indischen die participialen dāçvams und sāhvams hervor. Die Spuren dieses Ersatzdehnungstypus verfolgt Osthoff im Baltischen und findet für die Erklärung des germanischen sētum-Typus einige Urbilder, die uns erklären können, wie der Typus sētum bei e-Verben zur Alleinherrschaft gelangen konnte. Für das Lateinische wird im Anschluss daran gezeigt, dass ēgi (zu ago) eine reguläre Form ist und dass solchen Mustern das ē von fēci, cēpi jēci seinen Ursprung verdankt. Im vierten Capitel behandelt Osthoff den Vocalismus der Reduplicationssilbe, deren Consonantismus er bereits in den Beiträgen VIII in abschliessender Weise dargelegt hatte. Die wichtigen Cap. V, VI betreffen das griechische Perfectum. Zunächst wird der Ursprung des aspirierten Perfectums von denjenigen Wurzeln ausgenommen, die auf Aspiraten ausgehen, wie γέγραφα, τέτροφα; weil sie in den sigmatischen Temporis conforme Bildung mit nicht aspirierten Wurzeln hatten (γράψω, ἔγραψα, γεγράψομαι; τρέψω, ἔτρεψα, τετρέψομαι zu Wurzel τρεφ), so ergab sich in nachhomerischer Zeit die Genesis von aspirierten Perfecten wie τέτραφα, κέκλοφα; diese einschneidende Erklärung sichert Osthoff gegenüber einer neuerdings aufgestellten in seinem Nachtrag, S. 611. Von besonderer Wichtigkeit ist Cap. VII über das griechische k-Perfectum, dessen Erklärung durch Brugmann viel Schwierigkeiten hinterliess. Osthoff's neuer und wohl gelungener Versuch geht naturgemäss von den Perfecten der offenen Wurzeln στα, δω, θε aus; er erkennt in der Endsilbe ἕστη-κα, δέδω-κα, τέθη-κα, die Partikel κα, die dialektisch bewahrte Nebenform von κεν, so dass für das Griechische eine ähnliche Verschmelzung anzunehmen wäre, wie für skr. tasthā-u dadhā-u etc.; eine eingehende Erörterung über κα : κεν und den Ablaut in Partikeln giebt der neuen Erklärung die Stütze.

Neben diesen Grundgedanken einiger Hauptcapitel, denen Ref. voll zustimmt, begegnen zahlreiche feine Einzelbeobachtungen. So wird man rückhaltslos beistimmen den Erklärungen von got. hulþs, reiks S. 10, 602, gr. φαίδρος S. 325, lat. fio S. 439, mhd. visen S. 613, gr. διαλέγω : διαλέξω S. 590, 152, got. niþjis S. 463 und zahlreichen andern neuen Gesichtspuncten, denen wir allenthalben in dem inhaltreichen Buche begegnen. Ein gut ausgearbeitetes Wortverzeichniss erleichtert die Benutzung desselben.

H. Schnorr v. Carolsfeld in München schliesst eine Besprechung in der Berliner Philol. Wochenschrift 1885 Nr. 12 mit den Worten: „Ich schliesse mit dem Wunsche, dass dieses neueste Werk des berühmten Forschers ihm viele neue Freunde zuführen möge, die sich angezogen fühlen durch die Strenge seiner Methode und die auch das feinste Detail berücksichtigende Gründlichkeit".

Kluge, Friedrich, Etymologisches Wörterbuch der deutschen Sprache. 3. unveränderte Auflage. Lex.-8°. XXIV u. 428 S. 1884.
M. 10. 50
gebd. in Halbfranz. M. 12. 50

Eine abschliessende lexikalische Bearbeitung der Etymologie des neuhochdeutschen Sprachschatzes gab es bis jetzt nicht. Unsere grösseren Wörterbücher wollen im wesentlichen die verschiedenen Wortbedeutungen durch ausführliche Belege aus der Litteratur historisch verfolgen. Wenn sie dabei auch meistens die Etymologie zum Ausgangspunkt der Wortgeschichte nehmen, so liegt es doch nicht in ihrem Plan, dieselbe auf der breiten Grundlage der vergleichenden Sprachforschung erschöpfend zu behandeln. Und doch darf die Geschichte jedes deutschen Wortes mindestens dasselbe Interesse beanspruchen, welches unsere Sprachforscher fast allen anderen Kultursprachen entgegenbringen. Deutsche Gelehrte schreiben etymologische Wörterbücher des Englischen und Französischen, des Lateinischen und Griechischen — die gleiche Aufgabe bezüglich unserer Sprache harrte bis jetzt noch der Lösung, obwohl das Bedürfnis nach einem solchen Werke öfters geäussert worden und unsere Muttersprache, seit Jacob Grimms nationalen Arbeiten in den Mittelpunkt der linguistischen Studien gerückt, durch die Forschungen der zwei letzten Jahrzehnte in ihrer Entwickelungsgeschichte so weit aufgehellt ist, dass eine kritische Sichtung der verschiedenen Ansichten und eine Zusammenfassung der sicheren Resultate wohl möglich erscheint.

Der Verfasser des vorliegenden Werkes hat es unternommen, auf Grund der zerstreuten Einzelforschungen und seiner eigenen mehrjährigen Studien ein **etymologisches Wörterbuch des deutschen Sprachschatzes** auszuarbeiten, das dem gegenwärtigen Stande der Wissenschaft entspricht. Er hat es sich zur Aufgabe gemacht, Form und Bedeutung jedes Wortes bis hinauf zu der letzten Quelle zu verfolgen, die Beziehungen zu den klassischen Sprachen in gleichem Masse betonend, wie das Verwandtschaftsverhältnis zu den übrigen germanischen und den romanischen Sprachen. Selbst die Vergleichung mit den entfernteren orientalischen (Sanskrit und Zend), den keltischen und slavischen Sprachen ist in allen Fällen herangezogen, wo die Forschung eine Verwandtschaft festzustellen vermag und wo diese Verwandtschaft zugleich Licht auf die Urzeit des germanischen Lebens wirft.

Eine allgemeine Einleitung behandelt die Geschichte der deutschen Sprache in ihren Umrissen. (Ankündigung des Verlegers.)

„Es ist ein sehr willkommenes und sehr empfehlenswertes Unternehmen, von dem uns hier das erste Heft vorliegt. Das Interesse für Sprachforschung, für Entstehung und Geschichte der Worte ist ein so lebendiges geworden, dass selbst der Laie es auf den ganzen Sprachapparat, mit dem er täglich operiert, zu übertragen geneigt ist. Da ist denn oft guter Rat teuer und vergebens sieht man sich, und nicht bloss der Laie, nach einer Belehrung um, zumal das, was uns an populären etymologischen Hilfsmitteln bis jetzt geboten worden ist, oft höchst bedenklichen Charakters war. Hier empfangen wir nun ein Buch, das wir schon auf den Namen seines Bearbeiters hin mit den besten Hoffnungen begrüssen können und dessen erstes Heft diese Hoffnungen durchaus bestätigt. Herr Dr. Kluge hat durch eine Reihe grammatischer Arbeiten gezeigt, wie gründlich seine Kenntnisse und wie scharfsinnig seine Erwägungen sind, wo es sich um Rekonstruktion der Worte unserer Sprache handelt. Er zeigt sich in diesem Hefte auch als einen gewandten und geschickten Schriftsteller. Die elegante Kürze, mit der hier jedes Wort behandelt wird, lässt den Leser nichts spüren von der schweren gelehrten Arbeit, die dieser Zusammenstellung hat vorausgehen müssen. Der Verf. scheidet, was sicher feststeht, stets von dem, was nur Möglichkeit ist, und drängt sich, wo er eigene neue Vermutungen aufstellt, wie z. B. bei Degen und sonst, nie in abstossender Weise auf.

„Das vorliegende erste Heft führt auf 8 Quartbogen bereits bis zum Worte elf, und es wird versprochen, dass in 7 und 8 Lieferungen das Werk zu Ende geführt werden solle. Bei der flotten Kürze, deren sich der Verf., ohne je unverständlich zu werden, befleissigt, bezweifeln wir nicht, dass dies möglich sein wird. Jedenfalls soll das Werk nicht mehr als 12 Mark kosten; es **kann also den weitesten Kreisen zugänglich werden, und denen empfehlen wir es hiermit angelegentlichst; Gelehrte werden das Buch schon selber zu finden wissen.**" (Literarisches Centralblatt, Nr. 24, 1882.)

NEUER VERLAG VON KARL J. TRÜBNER IN STRASSBURG.

Bartsch, Karl. *Beiträge zur Quellenkunde der altdeutsche[n] Literatur.* 8°. 392 S. 1886. M. 8. —

Inhalt: Zu Wernhers Maria: I. Die Heidelberger Bruchstücke II. D[as] Münchener Bruchstück G. Zur Kritik von Flore und Blanscheflûr. Zum Wei[n]schwelg. Zu Volmar Steinbuch. Zu Bertholds Predigten. Zum Engelhard. Bruch[-]stück eines geistlichen Lehrgedichts. Gereimte Vorrede zu einem Kräuterbuch [Mei]sterpreis. Zu den Handschriften des Väterbuches. Bruchstücke von Heinrich von Neuenstadt Gottes Zukunft. Bruchstücke aus dem Renner: I. Idstein[er] Fragment. II. Wernigeroder Bruchstück. Der Tugenden Kranz. Zum König vo[n] Odenwalde. Spruchverse der Tugenden und Laster. Ein Baseler Meistergesang[-]buch. Deutsches Kyrieleison. Volkslieder. Lieder der Mystiker. Eine Stras[s]burger Sammelhandschrift. Bruchstück eines Dramas. Verzeichniss altdeutsche[r] Gedichte A—AL.

Lasius, Otto. *Das friesische Bauernhaus* in seiner En[t]wicklung während der letzten vier Jahrhunderte, vorzugsweise in de[r] Küstengegend zwischer der Weser und dem Dollart. Mit 38 Hol[z]schnitten. 8°. 34 S. 1885. M. 3. —

„Die kleine Schrift von Lasius ist ein sehr willkommener Beitrag z[ur] weiteren Kenntniss des volksthümlichen deutschen Hausbaues. Von einem i[n] jeder Weise sachkundigen Manne wird uns hier eine zuverlässige Darstellung d[es] friesischen Bauernhauses geboten, die um so brauchbarer ist, da es dem Verfass[er] einzig um die Feststellung des thatsächlichen Bestandes ohne alle Einmischun[g] allgemeiner Hypothesen und Theorien zu thun war."

Histor. Zeitschrift 1886. Heft 6.

Henning, Rud., *Die Deutschen Haustypen.* Nachträglich[e] Bemerkungen. 8°. 34 S. 1885. M. 1. —

v. Waldberg, Max. *Die galante Lyrik.* Beiträge zu ihre[r] Geschichte und Charakteristik. 8. 152 S. 1885. M. 4. —

Die altdeutsche Exodus. Mit Einleitung und Anmerkungen hrs[g.] von E. Kossmann. 8°. 149 S. 1886. M. 3. —

Hübschmann, H., *Das indogermanische Vokalsystem.* 8[°] 191 S. 1885. M. 4. 5[0]

Wheeler, B. J., *Der Nominalaccent im Griechischen.* 8[°] 146 S. 1885. M. 3. 5[0]

Pracandapàndava. *Ein Drama des Ràjaçekhara.* Zum ersten Mal herausgegeben von Carl Cappeller. 8. 50 S. 1885. M. 3. 5[0]

Bachofen, J. J., *Antiquarische Briefe* vornehmlich zur Kennt[-]niss der ältesten Verwandtschaftsbegriffe. 8. VI. u. 278 S. 1880 M. 6. —

— Band II. 244 S. 1886. M. 4. —

www.ingramcontent.com/pod-product-compliance
Lightning Source LLC
Chambersburg PA
CBHW022117160426
43197CB00009B/1070